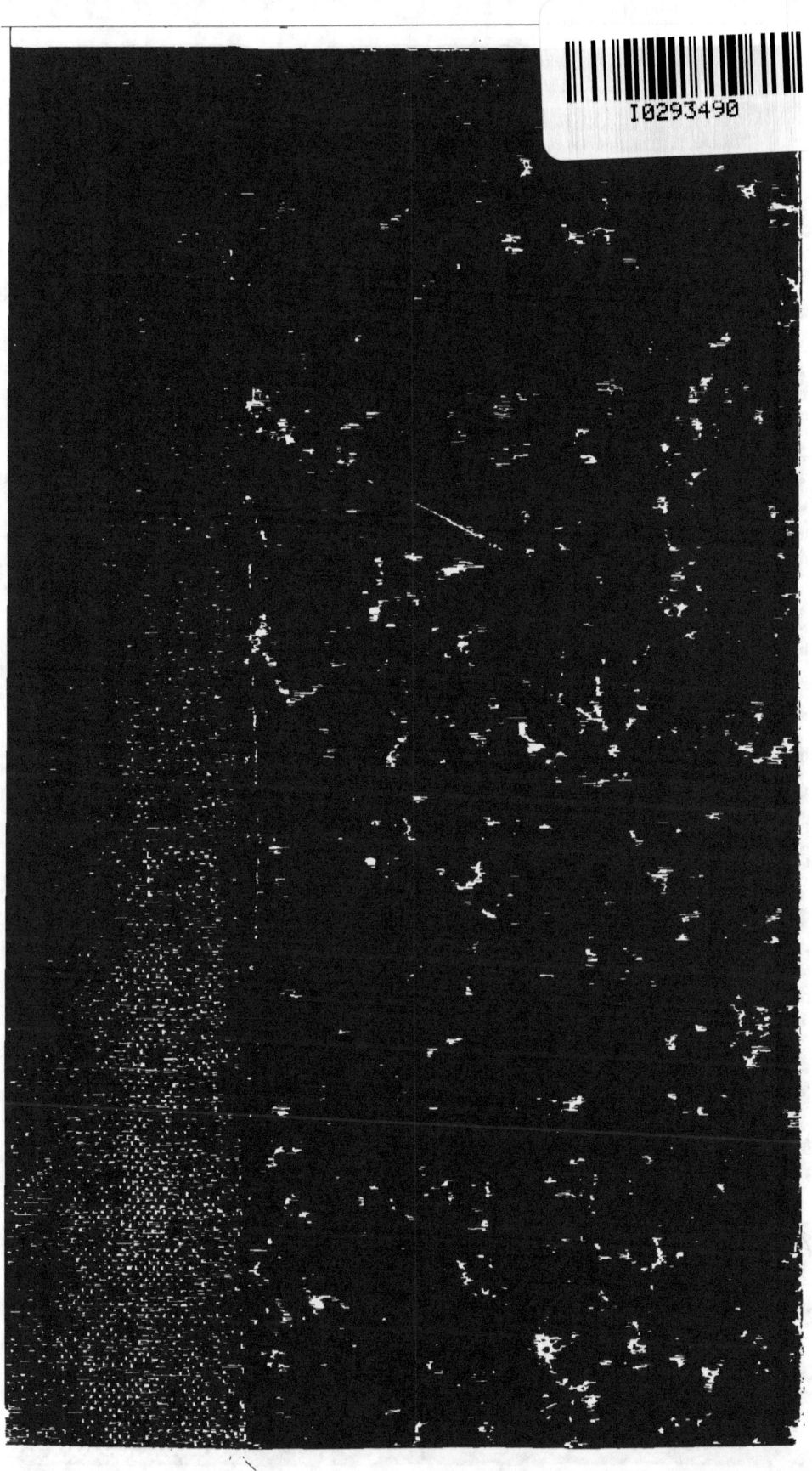

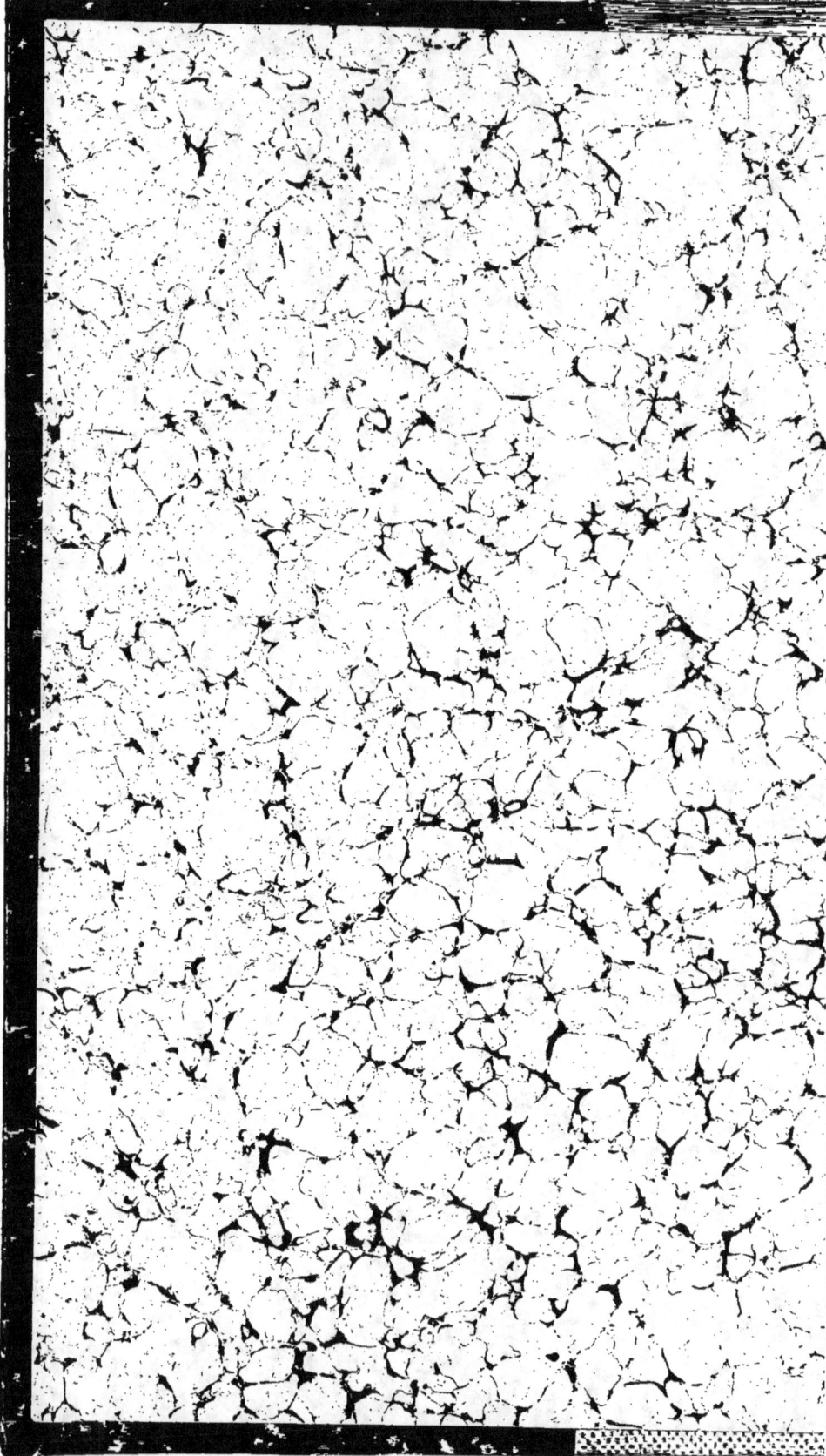

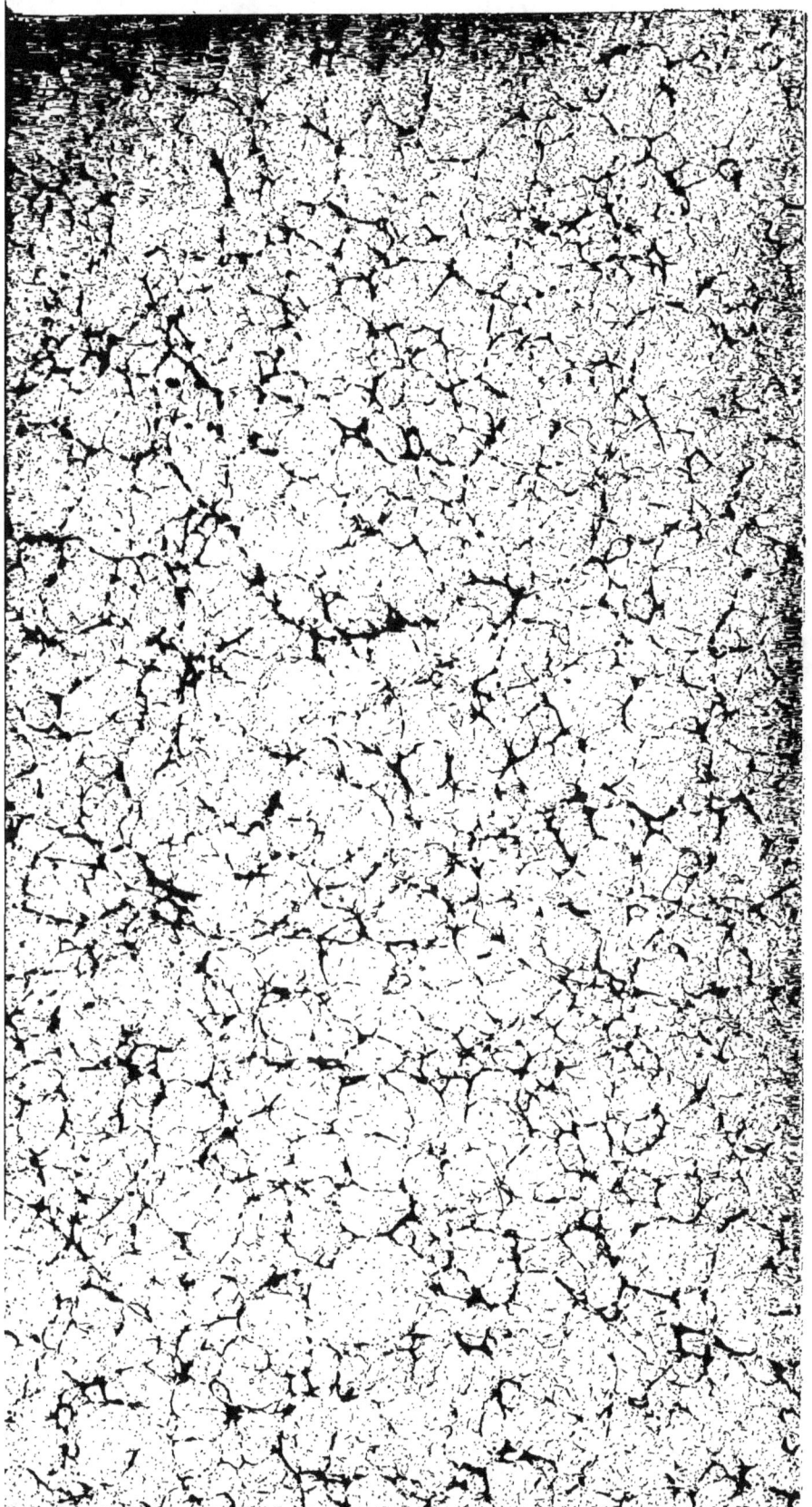

# VIE
## DE
# MÈRE MARIE-EPHREM

RELIGIEUSE
DE
SAINT-THOMAS-DE-VILLENEUVE AIX (PROVENCE)

ASSISTANTE
ET
MAITRESSE DES NOVICES

PAR

### Sr M.-D.-L.-C.
Religieuse de Saint-Thomas

---

**AIX**
A. MAKAIRE, IMPRIMEUR DE L'ARCHEVÊCHÉ
2, rue Pont-Moreau, 2

1871

# VIE

DE

# MÈRE MARIE - EPHREM

# VIE

DE

# MÈRE MARIE-EPHREM

RELIGIEUSE
DE
SAINT-THOMAS-DE-VILLENEUVE AIX (PROVENCE)

ASSISTANTE
ET
MAITRESSE DES NOVICES

PAR

S<sup>r</sup> M.-D.-L.-C.

Religieuse de Saint-Thomas

---

AIX
A. MAKAIRE, IMPRIMEUR DE L'ARCHEVÊCHÉ
2, rue Pont-Moreau, 2
—
1871

# APPROBATION.

---

J'ai lu par ordre de Monseigneur CHALANDON, Archevêque d'Aix, *la Vie de* Mère Marie-Ephrem, *Religieuse de Saint-Thomas-de-Villeneuve.*

Ce livre m'a paru offrir un récit intéressant des phases diverses qui amènent une âme à la vocation religieuse. Tout y est simple et naturel. On n'y trouve aucun fait extraordinaire ; rien qui s'écarte des voies communes de l'action de Dieu sur les âmes. En parcourant ces pages, on suit avec édification les accroissements successifs de la piété dans une âme ; on y voit germer les vertus qui conviennent plus particulièrement aux personnes engagées dans la profession religieuse ; on voit ces vertus se développer insensiblement, au souffle de l'Esprit de Dieu, sous les efforts d'une volonté soutenue, et s'épanouir enfin pour le bien spirituel d'une Congrégation tout entière.

On respire en lisant ce livre comme un parfum de la vie religieuse ; on en admire, on en savoure les fruits obtenus par d'incessants efforts et une constante fidélité à la grâce de la vocation.

Cette vie de la Mère Marie-Ephrem est mêlée de traits édifiants. Les maximes de la vie intérieure y sont rappelées à propos et ressortent comme d'elles-mêmes de la narration biographique. Nous croyons cet ouvrage très-propre à faire aimer Jésus-Christ, à édifier, à exciter la piété dans le cœur des jeunes personnes, et à favoriser en elles les germes de la vocation religieuse.

C'est donc de tout cœur que nous approuvons la *Vie de Mère Marie-Ephrem* ; nous bénissons la Religieuse qui l'a écrite, et nous bénissons également toutes celles qui la liront.

Aix, 15 septembre 1871.

## FONTAINE,

Vicaire Général d'Aix,
Supérieur de la Congrégation de Saint-Thomas-de-Villeneuve

A. R. T.

# A LA TRÈS-RÉVÉRENDE MÈRE
# SAINT-EUSÈBE

SUPÉRIEURE GÉNÉRALE DE LA CONGRÉGATION DES RELIGIEUSES
DE SAINT-THOMAS-DE-VILLENEUVE — AIX (Provence)

Ma Révérende Mère,

Je sais tout ce qu'il y avait de doux, de tendre et de saint dans l'intime affection qui vous unissait à la fille chérie dont vous pleurez la perte, et qui sera l'objet constant de vos regrets. Je sais, Mère Bien-Aimée, tout ce qu'elle vous était devant Dieu ! J'ai douloureusement ressenti et votre peine et votre brisement !

A vous donc, Mère Vénérée, ces pauvres pages où j'ai si imparfaitement retracé la vie et les vertus de celle que vous avez connue si méritante et si sainte ! Je les dépose à vos pieds, vous priant humblement de vouloir bien les agréer comme **un faible témoignage de ma profonde reconnaissance** et de ma filiale affection.

Votre respectueuse fille,

Toute dévouée en Jésus,

Sr M.-de-la-C.

## INTRODUCTION.

Parler de sa Mère est toujours doux au cœur ! mais en parler à des amis, à des sœurs qui ont eu une large part à sa tendresse ; qui ont connu et ses qualités éminentes, et ses vertus, et son grand cœur ; qui ont vécu de sa vie. Oh ! je l'avoue ; ce n'est pas seulement doux, c'est consolant ! Mais en remplissant cette douce tâche, on ne peut s'empêcher de déplorer son impuissance, son incapacité. On regrette de ne savoir mieux dire ; on est peiné, on sent qu'on ne dit pas assez ; qu'on exprime mal le peu qu'on dit, et qu'on ne fait passer que faiblement dans l'âme des autres le sentiment de la sienne. On laisse dans l'ombre bien des faits qu'on aurait pu ne pas dévoiler en entier, mais montrer dans un demi-jour, pour

les laisser délicatement deviner. On se dit :
« Je suis au-dessous de ma tâche, je ne sais
« pas la remplir. » On est tenté alors de laisser là son pauvre travail : on n'a plus de force, plus de courage pour le continuer... Bien des fois, en écrivant ces pages, cette pensée a été la mienne ; j'ai posé tristement ma plume et j'ai dit : comment parler dignement de *ma Mère!* de celle qui fut toujours si digne et si grande, qui ne cessa, jusqu'à sa mort, de nous édifier par la pratique des vertus religieuses qui, toutes, brillèrent en elle du plus vif éclat ; comment dévoiler aux autres les secrets de cette vie toute cachée en Dieu, de cette vertu qui s'ignorait elle-même ; parler de cette humilité excessive qu'elle montrait dans ses moindres actes, de cette simplicité qu'elle avait acquise d'abord par la prière, puis par sa fidélité à faire taire, en toutes circonstances, son jugement et sa volonté ; comment dire jusqu'où alla son obéissance, sa mortification intérieure, sa constante charité, sa tendresse de mère, son

dévoûment ; on ne sait que balbutier ces choses, on ne sait pas les dire. Et moins encore saurait-on parler de son union constante avec Dieu, de la douce intimité qui s'était établie entre elle et Lui. Il faut l'avoir vue prier, l'avoir surtout entendue parler du bon Dieu ! Ses paroles empreintes d'une ardente charité, d'une foi vive dévoilaient alors un peu toute la pure beauté de son âme, tout l'amour qu'elle avait pour son Dieu ! C'est ce qui m'a aidée dans ce faible travail dont je reconnais toute l'imperfection et pour lequel je réclame l'indulgence bien connue de la Mère et des Sœurs à qui il est spécialement adressé. La vie de ma Mère a été toute simple et bien ordinaire aux yeux des hommes ; elle n'offre, en réalité, aucun fait saillant ; mais pour nous qui l'avons connue, aimée, appréciée, nous savons tout ce qu'elle vaut devant Dieu ! Aussi ai-je relaté avec plaisir quelques petits traits de sa vie d'enfant ; j'ai parlé aussi de l'affection vive et profonde qu'elle ressentait pour un de ses frères afin de mieux faire connaître cette nature si tendre, si aimante, cachée sous un abord un peu froid et toujours réservé ; nature qui se dévoile quelquefois dans les lettres que j'ai été si heureuse d'insérer dans mon récit, et qu'on lira je suis sûre avec plaisir. J'ai cité quelques pensées qu'elle avait recueillies elle-même dans ses lectures ; et dont elle s'occupait devant Dieu : pensées, pour nous, doublement précieuses et pour le bien qu'elles feront à nos âmes et pour le doux souvenir qu'elles porteront à nos cœurs. Je n'ai point passé sous silence sa crainte excessive des jugements de Dieu dans les derniers mois de sa vie, ni sa grande appréhension de la mort. Cette rude épreuve, Dieu n'a pas voulu en priver sa belle âme ; c'est celle qu'il réserve quelquefois à ses plus chers amis. J'ai réuni ensuite tous ses cantiques. Pauvre Mère, elle n'a point visé à la poésie en les faisant, elle avouait avoir oublié complétement les plus simples règles de la versification. Peu de temps avant sa mort, elle

disait un jour à Mère S¹ Antoine, sa sœur.
« Tu dis que je guérirai, et moi je ne le crois
« plus, tout me dit que non. Ecoute, tu sais
« que j'avais toujours demandé à Jésus de pou-
« voir composer quelque cantique sur l'Eu-
« charistie et malgré des essais plusieurs fois
« répétés, j'avais dû y renoncer ; eh bien ! cette
« grâce, depuis un an et demi m'a été accor-
« dée, tu le sais ; mais voici comment. Un
« jour, j'étais triste, je souffrais, je voyais la
« vie sombre, j'avais besoin de le dire au bon
« Dieu ; j'étais seule, j'écrivis. Les expressions,
« les rimes ne me donnèrent aucune peine à
« trouver ; elles vinrent d'elles-mêmes se ran-
« ger, sous ma plume, et mon premier canti-
« que, *A Lui mes roses*, fut composé. Il en a été
« de même pour tous les autres. Or, je te le
« répète, Jésus est si bon qu'il a voulu m'ac-
« corder avant de mourir la grâce que je lui ai
« demandée pendant toute ma vie : la conso-
« lation de lui dire mon amour ! » Elle a ainsi
épanché dans le cœur de son Dieu les senti-

ments de piété douce et tendre qui remplissaient le sien ; elle les a donnés à ses enfants, ses cantiques, pour leur faire du bien et leur procurer un plaisir. Elle ne se doutait point qu'un jour ils seraient lus et appréciés par d'autres que par nous. Tous sont empreints de cette délicate douceur que Mère Marie-Ephrem avait dans ses rapports avec tous ; on la retrouve dans chaque expression.

Tout ce qui a été dit de ma Mère dans ce modeste récit est vrai ; la vérité n'a été nullement altérée, même dans les choses les plus insignifiantes ; il y a bien des nuances qui ont été omises parce qu'on n'a pas su les laisser deviner ; mais c'est tout. Si j'ai dit quelquefois que Mère Marie-Ephrem était une *sainte*, j'ai voulu seulement dire combien fut grande sa vertu : ce qualificatif rendait mieux ma pensée. Voilà pourquoi je l'ai employé. Du reste, nous l'espérons toutes, le bien qu'elle nous a fait ici-bas par ses pieux exemples et les longues souffrances qu'elle a endurées avec tant de patience jusqu'à sa mort lui ont sans doute ouvert le Ciel, où elle jouit du bonheur qu'elle a mérité. Priez pour nous, bonne Mère, et veillez sur nous toujours. Sur moi surtout qui ai tant besoin de grâces.

*Aix, Noviciat, 1er Mars 1871.*

## CHAPITRE I<sup>er</sup>.

Naissance d'Elise Laure. — Ses premières années.

Sous le beau ciel de la Provence, sur les riches côtes de la mer Méditerranée s'étend, bordée par une superbe rade, une délicieuse plaine couverte de la plus luxuriante végétation, et coquettement dominée par une gracieuse petite ville assise sur le penchant d'une riante colline : c'est Hyères, l'Ahires du Moyen-Age, offrant chaque année au pauvre malade atteint de phthisie, à la jeune fille pâle et languissante, son climat doux et chaud, sa brise tiède et embaumée, son hospitalité toujours cordiale et bienveillante.

C'est dans une maison de cette cité que vivait jadis une de ces honnêtes familles provençales aux mœurs douces et simples, chez qui les vertus et la foi sont également héréditaires. Son digne chef, Antoine Laure, et sa vertueuse épouse, Arsène-Sophie Dellord, jouissaient, au sein d'une modeste aisance, de l'estime générale et de l'amour du pauvre qui bénissait leur nom. De nombreux enfants, tous doués des plus heureuses dispositions, faisaient leur consolation, leur orgueil et leur joie. Citoyens utiles, défenseurs de la patrie, attachés au service de l'humanité souffrante dans nos hôpitaux, tous devaient un jour mériter, pour eux aussi, cette réputation sans tache dont ils jouissent encore et la considération de tous les gens honnêtes et vertueux.

Les deux aînés, médecins dans notre Marine, ont vogué de longues années sur l'Océan, un autre, brave et vaillant colonel de notre armée, est tombé glorieusement sur le champ de bataille de Magenta, alors qu'il venait d'être promu au grade de général ; un autre encore, simple propriétaire, une fille mariée et mère et deux religieuses hospitalières : tels sont les membres de cette famille vertueuse que Dieu s'est plu à bénir et à faire prospérer.

Nous avons à faire connaître à présent celle des deux religieuses que la mort vient de nous ravir si douloureusement ; celle dont le pieux souvenir ne s'effacera point de nos cœurs ; celle qui sut si bien nous donner l'exemple de toutes les vertus religieuses et qui fut, par excellence, la douce amie du pauvre, l'humble sœur de charité : Sœur Marie-Ephrem était son nom de religion ; dans le monde, on la nommait Arsène-Elise Laure.

Elle naquit le 4 décembre de l'année 1827. Deux jours après, soigneusement enveloppée de langes, revêtue d'une longue robe de mousseline blanche, la tête couverte d'un petit bonnet gracieusement ruché, l'enfant était portée à l'église où de nombreux parents et amis l'accompagnaient. L'eau baptismale coula sur son front régénéré, le ciel tressaillit d'allégresse, la terre comptait un ange de plus ! Presse maintenant, heureuse mère, sur ton cœur ému, ta chère petite fille, ne tremble point pour son avenir, l'ange qui veille à ses côtés peut sans crainte devant toi en soulever le voile, la piété douce et tendre que tu inspireras à ton enfant, les principes de solide vertu que tu inculqueras à sa jeune âme la rendront un jour forte, courageuse et sainte.

La famille était dans la joie ; une lettre, arrivée quelque temps après au Brésil, annonçait aux deux fils absents la naissance d'Elise. La sœur aînée et ses deux frères, Adolphe et Adrien, se disputaient à l'envi les petites mains de l'enfant pour les couvrir de baisers. Que de fois aussi, soulevant avec précaution les rideaux du berceau où elle reposait doucement endormie, l'heureux père l'a-t-il contemplée avec orgueil et amour !

Une nourrice, choisie par les soins de la vertueuse mère, allaita, dans la maison, l'enfant qui annonçait déjà une santé forte, un tempérament vigoureux. Puis elle fut entièrement remise à sa mère qui, de concert avec sa fille aînée, devait cultiver avec soin et amour cette jeune plante que le Seigneur lui avait confiée.

L'enfant annonçait les plus heureuses dispositions. A l'âge de trois ans, époque à laquelle une sœur lui fut donnée : la petite Céleste qui devait un jour, comme elle, embrasser la vie religieuse, et qu'elle aima toujours d'une affection si profonde et si tendre, à cet âge, dis-je, le naturel de l'enfant se montrait des plus heureux. Vive, intelligente, bonne et gracieuse, sa physionomie était expressive, ses yeux noirs encadrés de longs cils, ses sourcils parfaitement arqués, ses traits réguliers et accentués, sa bouche un peu sérieuse, son nez romain, sa taille déjà élevée, tout cela réuni donnait à sa petite personne un je ne sais quoi de doux et de grave qui s'harmonisait très-bien avec son petit air parfois déjà sérieux et réfléchi. Son caractère vif et un peu tenace s'était manifesté par quelques petites scènes d'entêtement et de colère ; il suffisait alors de dire à l'enfant qu'elle offensait Jésus, qu'elle faisait de la peine à la bonne Vierge Marie, son petit cœur se gonflait aussitôt, de grosses larmes coulaient sur ses joues fraîches et roses, elle promettait d'être sage, et tenait parole longtemps.

Un jour, elle avait alors quatre ans, son père qui aimait beaucoup les enfants et surtout sa petite Elise, s'amusait avec elle après son dîner ; il la faisait danser, sauter sur ses genoux, puis la déposait à terre, et claquant des mains comme pour l'effrayer, courait après l'enfant qui, rouge de plaisir, allait tour-à-tour se réfugier dans tous les coins de l'appartement ; mais se ravisant elle veut, elle aussi, essayer une malice, elle s'empare de la canne de son père : et toute heureuse, la cache d'abord : « Oh ! non, dit-elle, mieux vaut encore la garder, » puis la serrant fortement, elle s'écrie : « Je ne la rends plus ; » mais craignant pour ses petites forces, elle va la cacher de nouveau. Ce jeu dura assez longtemps, au grand plaisir d'Elise qui en était toute contente, toute fière. M. Laure ayant à sortir demande sa badine. « Non, » dit l'enfant, soit par caprice, soit peut-être pour continuer la plaisanterie, et elle refuse obstinément de la rendre. Alors le père, prenant un ton sérieux, l'oblige à la lui rapporter tout de suite, ce qu'elle fit immédiatement, car aucun des enfants de la famille n'était habitué à résister ; mais en la lui remettant, elle frappe un grand coup de la badine sur le parquet et s'écrie rouge d'émotion : « Tiens, je te la rends ; mais *non !* » Ce trait, et d'autres saillies du même genre, annonçaient déjà cette fermeté, cette énergie de volonté qui devait la caractériser plus tard et qui, chez elle, disons-le, fut toujours vertu.

Ce naturel céda bientôt : la raison précoce de l'enfant triompha et à cinq ou six ans, elle était déjà une petite fille douce et sage, aimant le bon Dieu de tout son cœur, faisant avec une religieuse attention sa prière du matin et du soir et obéissant promptement à tous les ordres qu'on lui donnait. A dater de cette époque, on n'a jamais pu savoir précisément dans la famille ce qui aurait été capable de la contrarier un peu fort, tant elle se prêtait de bonne grâce à tout ce qu'on exigeait d'elle. Point bruyante, quoique vive par nature, elle était aussi caressante à sa façon : ses petites attentions délicates, elle les apportait sans bruit, et mettait à la commodité de tous ce que sa petite prévoyance lui suggérait qu'on pouvait demander. C'était un tabouret préparé, le tricot de sa mère roulé soigneusement dans sa corbeille à ouvrage et déposé à temps auprès d'elle, c'était encore un tendre baiser doucement donné à sa petite Céleste, un jouet qu'elle lui cédait de bonne grâce, alors qu'elle eût aimé le garder. Mais elle était surtout heureuse, et se dépensait en fêtes, à l'arrivée de ses frères aînés, lesquels venaient, à de longs intervalles et comme à la dérobée, passer un jour ou deux dans leur famille. Elise alors, comme pour les dédommager de l'absence, était pour eux une gracieuse petite fille remplie d'affection. Mais toujours calme dans ses plus vives joies, elle ne fatiguait jamais ; sa gaîté était douce ; mais point étourdie.

La bonne mère d'Elise, un jour, ne quitta pas sa chambre, sa place à table demeura vide. Le regard de l'enfant interrogea silencieusement la tristesse de tous. « Mère est malade, » lui fut-il répondu, « prie le bon Dieu. » Elise le fit. Une fluxion de poitrine s'était déclarée ; le mal devint grave ; la famille alarmée rappela en hâte les fils absents. Tous accoururent auprès de leur vertueuse mère qui, à la demande de l'un d'eux (M. Jules), dut recevoir l'Extrême-Onction le lendemain. La malade s'y prépara avec sa piété habituelle ; tous les membres de la famille entouraient son lit ; tous pleuraient avec désespoir et sanglots la mère qu'ils prévoyaient leur être bientôt enlevée, la mère qui leur souriait avec une douloureuse tendresse. Seule, une belle petite fille, à genoux au bas du lit, ne pleurait point ; ses yeux limpides et beaux étaient fixés sur la malade, ils ne la quittaient pas. Lorsque le prêtre s'avança tenant dans sa main l'Hostie divine rayonnant au-dessus du ciboire d'or ; la douce physionomie de la petite fille s'illumina, son regard quitta sa mère pour se fixer sur son Dieu avec ravissement et amour; et quand le prêtre s'agenouilla, elle joignit dévotement ses petites mains, baissa les yeux et pria avec les assistants. Que dit-elle à Dieu? Les anges seuls le surent, et la prière de leur petite sœur fut portée au ciel sur leurs blanches ailes : n'est-ce pas cette enfant que l'on croyait indifférente à cette scène qui obtint le rétablissement de sa mère qui, seize ans encore, devait lui être conservée? Elise ne pleurait point quand tous pleuraient autour d'elle, parce que déjà elle aimait mieux qu'eux tous; elle aimait à la façon des saints. Dans sa jeune et belle âme, la confiance ne devait laisser aucune prise à la faiblesse. Elise aimait déjà comme doivent aimer les anges.

## CHAPITRE II.

Elise à l'Externat. — Sa première Communion.

Comme une jeune plante croît et se développe sous les rayons d'un soleil bienfaisant, ainsi notre chère enfant grandissait sage et douce sous le regard de Dieu et de sa pieuse mère. Elle aimait à jouer; mais elle le faisait sans bruit, et sans jamais contrarier personne; obéissant à Céleste et à ses petites amies plutôt qu'elle ne leur commandait. Elle ne pleura point quand on voulut lui apprendre à lire; et son heureuse mémoire retint sans peine ces premiers éléments de lecture si ingrats, si difficiles, et la terreur des enfants. Bientôt elle sut joindre les lettres de l'alphabet, en former des mots; alors tout heureuse, toute fière, elle voulut, elle aussi, avoir son petit livre à l'église.

Quoique bien sage et bien gentille, Elise était encore trop petite pour n'avoir plus aucun des défauts de son âge. On s'était aperçu qu'elle aimait beaucoup les sucreries, les douceurs. En effet, sa joie était grande chaque fois qu'on lui donnait un grain de sucre à croquer, ou qu'elle mordait à belles dents sur une tartine de confiture.

Un jour, se trouvant seule dans la salle à manger où était une armoire qu'on avait laissée ouverte, elle s'en approche, regarde, saisit une chaise, grimpe dessus et plonge, dans un pot mis ainsi à sa portée, sa petite main qu'elle retire toute pleine d'un beau sucre doré qu'elle mange aussitôt avec grande satisfaction, recommençant à plusieurs reprises et toujours de plus belle à en savourer le goût. Elle consent enfin à descendre, quand un bienheureux pot de confiture se présente à son tour. La tentation, avouons-le, est violente. Elise était en trop beau chemin pour pouvoir s'arrêter; elle succombe : le papier est promptement enlevé, le pot découvert, et grassement entamé. Mais entendant du bruit, elle se hâte de descendre ; remet bien vite, et ausssi doucement qu'elle peut, la chaise en place : c'était sa mère qui entrait, elle s'en approche gracieusement et lui présente bien vite sa petite mine à baiser ; mais M<sup>me</sup> Laure recule aussitôt : le nez, les lèvres, le menton d'Elise étaient affreusement barbouillés. « Qu'as-tu donc fait, mon enfant ? » lui dit-elle, réprimant avec peine un sourire ; et, s'efforçant de paraître sérieuse : « Tu as au moins mangé tout un pot de confiture, » puis elle se hâte de débarbouiller la petite fille qui, toute confuse, mais sans pleurer, promet de ne plus jamais faire la gourmande. La bonne mère avait fait doucement comprendre à l'enfant toute l'énormité de sa petite sottise ; et à la promesse plusieurs fois réitérée de cette dernière, elle déposa sur son front rouge encore, un long et tendre baiser.

C'est ainsi que M<sup>me</sup> Laure élevait sa jeune

famille, c'étaient là les douces et salutaires remontrances qu'elle faisait à ses enfants, aussi tous l'aimaient avec une touchante vénération et lui obéissaient toujours avec joie.

Mais l'Enfance est oublieuse : une semaine après, Elise ne pensait plus à la sottise qu'on vient de lire. Ayant vu Cécile, une de ses bonnes, déposer, sur la table de la cuisine, un papier contenant une poudre très-blanche et très-fine. Elle s'approche, l'examine d'abord avec complaisance, puis sa petite physionomie s'illumine, elle sourit : « C'est du sucre, » dit-elle aussitôt, et battant ses petites mains l'une contre l'autre : « Oui, c'est du sucre, bon! bon! » Et voyant Cécile occupée, elle se met en devoir de le goûter convenablement : elle en remplit sa petite bouche. Mais, ô malheur! elle rejette bientôt avec efforts, en pleurant et faisant mille grimaces, ce qu'elle croyait si bon! La bonne se retourne, accourt effrayée, fait boire l'enfant. « Oh! Cécile, ma bonne Cécile, et montrant le papier, c'est du sel, n'est-ce pas, oh! oui, c'est du sel, j'ai mangé du sel. — Ah! ah! Mademoiselle, dit la bonne en riant, vous croyiez manger du sucre, n'est-ce pas! voilà qui est bien fait, le bon Dieu vous punit, une autre fois vous ne serez plus gourmande. J'espère qu'aujourd'hui la leçon est bonne et qu'elle vous servira longtemps. — Oh! bien sûr, bien sûr, je ne serai plus gourmande, » reprend l'enfant. Et tout attrapée, toute confuse, elle garda pour elle le secret de sa mésaventure. M$^{me}$ Laure la sut; mais ne lui en dit rien : la petite fille était assez punie.

Du reste Elise était si gentille qu'elle était la chérie de tous. Son père aimait à développer sa jeune intelligence; il causait avec elle souvent et s'amusait beaucoup des réparties justes et spirituelles de l'enfant qui réfléchissait toujours avant de répondre. Aussi, M. Laure passait presque habituellement toutes ses soirées en famille; il était heureux, là, entouré de tous ceux qu'il aimait et dont il était respecté et chéri. « Mes enfants, disait-il souvent, oh! c'est là toute ma joie, tout mon bonheur! »

Un soir, on était réuni comme à l'ordinaire après le souper, dans le salon. Elise et Céleste s'étaient longtemps amusées, cette dernière s'endort enfin sur un petit tabouret près de sa mère; tandis qu'Elise s'esquive un instant pour aller trouver Cécile qui l'aimait beaucoup. Elle arrive devant la porte de la cuisine; entre, et voit sa bonne assise près d'une table où elle s'était endormie : son tricot reposait sur ses genoux, et sa tête, de temps à autre, retombait en cadence tantôt sur une épaule, tantôt sur l'autre; l'ombre gigantesque projetée sur la muraille par l'énorme tuyautage du bonnet de Cécile amuse d'abord l'enfant qui s'arrête à le considérer; mais ayant aperçu une touffe de cheveux récalcitrants échappés de l'énorme bonnet pour se dessiner eux aussi sur le mur, l'enfant n'y tint plus : ne tolérant pas un pareil désordre dans la toilette de sa chère bonne, elle veut brûler les cheveux indociles, approche, pour cet effet, tout doucement la lampe de la dormeuse ; le bonnet s'enflamme aussitôt, et l'enfant effrayée jette des cris affreux. La bonne éveillée en sursaut se débat vainement, mais grâce au prompt secours qu'elle reçoit n'en est quitte que pour la peur, pour son bonnet et quelques cheveux brûlés. Elise, le lendemain, réparait auprès de sa bonne, par ses caresses, son espiéglerie de la veille. « Cécile, lui disait-elle, j'ai donc été méchante, hier, envers toi, je ne le voulais point cependant, je t'aime trop pour vouloir te faire du mal. J'ai eu grand peur, va, quand je t'ai vue en feu; mais jamais plus, je ne brûlerai tes cheveux, non plus jamais. — Vous vous en garderiez bien, dit Cécile encore émue, vous qui aimez tant le bon Dieu, Mademoiselle, vous ne devez pas vous amuser de la sorte, cela l'offense, cela le fâche ; et puis si m'aviez toute brûlée, voyons? — Je ne le ferai plus, bien sûr, je te le promets, » répète l'enfant d'un petit air doux et caressant. L'excellente bonne, voyant le bon cœur de sa chère petite, oublie sa sottise, l'embrasse tendrement et l'enfant redevient sa gâtée.

Si Elise était chérie de tous, dans la famille, si chacun aimait sa douceur, sa précoce raison, ses délicates prévenances, un de ses frères l'aimait peut-être plus encore, ou mieux l'aimait d'une tendresse toute particulière. Plus âgé qu'elle de dix ans, que n'aurait pas fait le pétulant Adolphe pour sa gentille petite sœur, comme il l'appelait. D'un naturel vif et bouillant, Adolphe avait le cœur grand, généreux et bon. Il fallait savoir comprendre cette fière nature, saisir délicatement les nuances de ce caractère noble, mais souvent emporté et colère; et tout doucement, sans le heurter, on pouvait le ramener facilement, après une sortie violente, par une parole douce et bonne. Le calme alors succédait à l'orage, ses torts étaient reconnus et réparés par une bonté d'âme peu commune et des attentions d'une délicatesse excessive. Elise lui plaisait : il trouvait dans cette douce enfant une âme qui lui était sympathique, un cœur qui pourrait le comprendre un jour. Il ne se trompait point, l'avenir nous dira tout ce qu'eut de doux et d'intime cette profonde affection du frère et de la sœur. Elise aussi avait une prédilection pour Adolphe ; souvent elle attachait sur lui un long regard de tendresse et recevait, toute joyeuse, les gros baisers qui lui étaient donnés en retour. M. Laure était, à cette époque, directeur des Salins d'Hyères, il y passait une partie de ses journées et revenait le soir chez lui. Adolphe allait souvent à sa rencontre accompagné de la petite Elise qu'il asseyait à califourchon sur ses épaules, l'enfant ainsi juchée riait de tout son cœur, et voulait toujours recommencer le lendemain sa promenade de la veille.

Adolphe entra à S¹ Cyr ; il fallait à ce caractère ardent, à cette noble et fière nature du dévouement et de la gloire, il sut donner l'un, et dignement aussi acquérir l'autre ; nous le savons : Magenta le vit glorieusement mourir. Bien que livré tout entier aux études sérieuses de la nouvelle carrière qu'il venait d'embrasser, le jeune St Cyrien n'oublia pas sa chère petite sœur : dans ses lettres, toujours, il était question d'Elise ; et au temps des vacances, oh ! comme il était heureux de la retrouver grandie, embellie et toujours douce et bonne !

Elise aimait Adolphe, c'est vrai ; mais elle aimait bien aussi ses autres frères et tous ceux qui l'entouraient ; elle aimait surtout les pauvres, ces chers amis du bon Dieu ; elle les aimait et leur donnait avec joie le gâteau qu'elle mangeait. Quand elle les rencontrait dans la rue, toujours elle s'apitoyait sur leur sort ; elle avait puisé dans le cœur de celle qui lui avait donné le jour ce sentiment de charité tendre qui ne la quitta jamais. « Pauvre petit, disait-elle, à la vue d'un enfant en haillons, pauvre petit, mère, donne-lui des habits. » Le lendemain l'enfant pauvre était conduit à la maison, habillé à neuf et s'en retournait, tout heureux, emportant l'aumône que la douce petite fille lui avait donnée, appelant sur elle et sur sa famille les bénédictions du ciel.

Depuis qu'Elise savait lire, on la voyait souvent dans un coin feuilletant avec attention et intérêt un grand livre d'estampes que son père lui avait donné. La lecture l'amusait déjà beaucoup.

On se décida, à cette époque, de mettre l'enfant dans un externat voisin, dirigé par une demoiselle amie de la famille. Tous les matins, Cécile l'y conduisait avec la petite Céleste ; toutes deux revenaient à midi à la maison, et retournaient ensuite en classe jusqu'au soir. Elise fut à l'externat ce qu'elle était dans sa famille : sage, douce, gentille et bonne ; ses petites amies l'aimèrent bientôt de tout leur cœur. Intelligente et appliquée, elle faisait sans peine ses petits devoirs de classe. Elle resta là quelques années, et atteignit doucement ainsi l'âge de dix ans et demi, époque à laquelle on songea à la préparer à sa première communion.

Cet acte, le plus saint que nous accomplissions ici-bas, laisse toujours dans l'âme du jeune adolescent un parfum de douce vertu qui l'embaume plus tard dans les jours tristes et nuageux de la vie. Une première Communion bien faite ! Oh ! c'est là une source de grâces pour l'avenir, un préservatif puissant. De cet acte dépend souvent le bonheur de la vie. Elise savait cela, sa pieuse mère le lui avait appris. Aussi son cœur battit bien fort quand on lui dit que cette année, elle suivrait, avec quelques-unes de ses compagnes, les catéchismes de la paroisse pour se préparer à faire sa première communion ; sa belle âme tressaillit, et notre chère enfant, depuis lors, devint plus sage encore, plus attentive, plus assidue à la prière, sa tenue à l'église était celle d'un petit ange. Déjà elle savait prier, nous nous en souvenons, eh ! comment ne l'aurait-elle pas su, elle était si pure ! Le prêtre, chargé de la préparer à cette grande action, disait souvent qu'il avait rencontré peu d'enfants qui fussent aussi purs et dont l'âme fût si apte à recevoir les inspirations de la grâce. La pensée de sa première Communion la portait à faire déjà plusieurs petits sacrifices au bon Dieu. On remarqua, dès lors, en elle, une tendre piété envers la Sainte-Vierge ; cette dévotion des prédestinés, qu'elle conserva toujours si profonde et si vraie dans son cœur, et qu'elle sut si bien, plus tard, inspirer aux autres. On la voyait quelquefois agenouillée devant une statue de la Vierge reciter pieusement une prière. Marie, du haut du ciel, souriait sans nul doute à son enfant, et préparait déjà pour elle ces grâces insignes qu'elle lui a si largement départies depuis ; mais surtout pendant le cours de sa vie religieuse. « Je dois tout à la Sainte-Vierge, « disait-elle souvent alors, que ne m'a-t-elle « pas accordé, ô mes filles, aimez bien Marie, « elle est si bonne ! » Oh ! oui, Marie est bonne, et délicatement bonne ! Elle accorda à son enfant chérie la douce joie de faire sa première Communion pendant son mois béni !

C'était en 1838, le gracieux mois de mai, avec sa fraîche brise, son soleil doux et chaud, son arôme et ses fleurs, étalait déjà partout son riche tapis de verdure; le ruisseau de la prairie roulait à pleins bords, son eau pure et limpide au pied des saules soupirant avec la brise; l'oiseau gazouillait dans la plaine; la pâquerette, le lis des champs mariaient modestement leur blanche parure à celle des autres petites fleurs de la prairie. La nature, partout riante et belle, fêtait à l'envie sa Reine et lui chantait un hymne de louange et d'amour. Une fête pendant ce mois n'était-elle pas une suave harmonie! Le ciel pouvait-il mieux choisir pour s'unir à la terre! L'heureux moment approchait. Elise avait suivi avec une piété édifiante la retraite de préparation. Le dernier jour elle s'était agenouillée devant ses parents émus et avait reçu d'eux ce pardon demandé avec larmes.

Le lendemain matin, recueillie et émue, accompagnée de sa famille, Elise s'avançait pieusement vers le lieu saint. Un long voile tombait à plis gracieux sur sa robe de mousseline blanche, une couronne de roses ornait son front pur et doux ; à son bras était un chapelet; d'une main elle tenait son livre, de l'autre un beau cierge entouré de quelques fleurs blanches et de plusieurs épis. Rien ne la distinguait de ses compagnes, non rien, si ce n'est son profond recueillement. Au moment solennel, les mains jointes, les yeux modestement baissés, elle se rend à la table des anges. A son retour, le vif incarnat de ses joues, le tremblement imperceptible de ses lèvres, trahissaient seuls sa profonde émotion. Oh! dis-nous, pieuse enfant, dis-nous ce qui se passait alors dans ton âme, découvre-nous le trop plein de ton cœur, de ce cœur battant près de celui d'un Dieu! Que t'a dit Jésus, dans ce moment d'inénarrable tendresse? Quels secrets de son amour infini t'a-t-il dévoilés? Qu'a-t-il voulu de toi? Que lui as-tu donné? Oh! tout ton cœur, n'est-ce pas, ce cœur que tu devais lui conserver si pur! L'après-midi, les enfants revinrent à l'église renouveler les promesses de leur baptême, les assistants étaient émus! Les anges du ciel contemplaient avec amour les anges de la terre.

Le soir de ce jour heureux, le soleil quittait lentement l'horizon, et disparaissait comme à regret derrière les montagnes, projetant encore les mille gerbes de ses derniers feux dans les eaux bleues de la Méditerranée. Alors le crépuscule étendit peu à peu son long voile. A l'église, les chants cessèrent, les cierges s'éteignirent, la touchante cérémonie était terminée.

Les jeunes adolescents quittèrent le lieu saint l'âme délicieusement embaumée, le front rayonnant de grâce et de bonheur. Elise était heureuse! et recevant le soir le baiser de sa mère, elle lui dit avec un ineffable sourire : « Oh! qu'il fait bon faire sa première Communion. J'ai été si contente, mère, aujourd'hui! Pourquoi donc ce jour a-t-il passé si vite ! »

Elise avait raison : pourquoi le ciel se hâtait-il sitôt de reprendre les joies saintes et suaves qu'il avait prêtées à la terre.

## CHAPITRE III.

**Elise quitte la maison paternelle. — Sa vie de pensionnaire.**

Un an et plus s'était écoulé depuis la première Communion d'Elise : elle allait avoir douze ans. C'était au commencement du mois d'octobre de l'année 1839. Les gracieuses villas des environs d'Hyères, ses poétiques chalets, çà et là dispersés sur les collines, étaient encore entourés de verdure et de fleurs; déjà, l'oranger montrait, richement appendu à ses branches toujours vertes, son superbe fruit d'or, tandis qu'au loin, dans la plaine, de vastes champs d'immortelles étalaient aux regards charmés les corolles jaunes et rouges de leurs mille petites fleurs.

Elise revenait de la campagne; elle avait assisté aux joyeuses vendanges, et rentrait en ville avec ses parents. Dans la famille, il avait été question de la mettre pendant quelques années en pension, afin qu'elle reçût une instruction solide, variée ; une éducation pieuse, soutenue, et en rapport avec la position de ses parents dans le monde. M. et M$^{me}$ Laure jugèrent qu'il valait mieux mettre leur chère enfant dans une ville autre que la leur, afin de la soustraire à l'influence de la famille. La bonne mère choisit le pensionnat des religieuses Ursulines d'Aix, où avait été élevée sa fille aînée Elisa, mariée depuis peu dans la maison paternelle. Vouées spécialement à l'instruction et à l'éducation des jeunes filles, les religieuses de S$^{te}$ Ursule, si aptes à remplir cette noble et difficile tâche, offraient à la pieuse mère toutes les garanties voulues. Le petit trousseau d'Elise avait été soigneusement préparé ; déjà même une lettre avait annoncé à Aix sa prochaine arrivée.

On était à la veille du départ, Elise avait déjà pleuré beaucoup ; le soir de cette même journée, entourée de sa famille, elle levait encore sur tous un long regard humide de larmes ; son pauvre cœur était bien gros, la séparation pesait affreusement à son âme aimante et bonne ; il lui peinait de laisser ainsi pour longtemps tous ceux qu'elle aimait, surtout sa petite Céleste qui ne devait aller la rejoindre qu'un an plus tard. Aussi le lendemain matin, quand il fallut partir, elle ne pouvait se décider à suivre son frère aîné qui devait l'accompagner à Aix. Pâle d'émotion, elle reçut les tendres embrassements de tous ; et quelques heures après, elle roulait dans un coupé de diligence, ne faisant nulle attention aux charmants paysages se montrant çà et là sur la route. Nous l'avons dit, la campagne était belle encore : elle offrait des fleurs et des fruits ; mais tout cela n'égayait pas Elise, son petit cœur souffrait et le contraste qu'il offrait avec la nature partout riante et belle, l'oppressait plus encore. Ses larmes cessèrent enfin de couler, douce et bonne toujours, elle ne voulut pas contrister plus longtemps le frère chéri qui l'accompagnait ; elle sourit à ces mille riens dont il voulait la distraire. Ses parents iraient la voir quelquefois, elle savait cela, on le lui avait tant promis ; mais un triste départ suivrait toujours une joyeuse arrivée et cette pensée étreignait douloureusement son cœur.

Enfin, après avoir roulé longtemps, bien longtemps, tout un jour entier, la diligence s'arrêta et le lendemain, Elise fut conduite au couvent. Les grilles du parloir ne l'effrayèrent point ; elle ne pleurait plus ; mais sa pâle figure trahissait la souffrance intérieure qu'elle s'efforçait de cacher. Nous le savons, Elise n'aimait pas comme les autres enfants de son âge ; chez elle, toute affection était vraie, toute peine réelle, elle sentait si vivement ! Et puis c'était là son premier chagrin ; pauvre enfant ! elle le trouvait bien amer ! Tout lui manquait à la fois et la vie de famille, et le sourire d'un père, et les caresses d'une bonne mère, et les douces tracasseries d'une plus jeune sœur. Son cœur était brisé, il le fut plus encore quand il fallut dire adieu à son frère ; elle pleura. La bonne supérieure à qui elle venait d'être laissée la pressa tendrement sur son cœur, essuya elle-même ses grosses larmes, la consola de son mieux, et lui prodigua toutes les marques de la plus délicate tendresse ; elle eut pour sa nouvelle enfant de ces paroles qui vont à l'âme et que le cœur n'oublie pas.

Lorsque cette émotion fut un peu calmée, que les larmes ne coulèrent plus, on conduisit Elise à ses nouvelles compagnes. Son air doux et triste, sa figure régulière et distinguée, ses manières aisées et polies lui attirèrent, dés l'abord, de sympathiques regards, de doux sourires. On l'entoura avec affection, quelques bonnes paroles lui furent adressées, elle y répondit avec sa douceur ordinaire, et une heure après elle était en pleine connaissance avec toutes. Pauvre enfant ! elle souffrit moins, elle fut plus à l'aise ; mais la peine de la séparation était toujours vive et profonde. Les jeunes et frais visages qui l'entouraient, les francs éclats de rire de ses nouvelles compagnes, rien de tout cela ne lui remplaçait les bons parents qu'elle avait quittés et qu'elle regrettait si fort. Elle resta longtemps de s'habituer, et la première lettre qu'elle reçut fut lue et relue bien des fois, baisée et mouillée de larmes ! Sa peine diminua peu à peu. Elle s'attacha bientôt aux bonnes Maîtresses qui lui donnaient leurs soins, à ses gentilles compagnes qui l'aimaient toutes beaucoup. Dès lors sa vie de pensionnaire lui fut douce, et la sympathie dont elle était l'objet chassa de son cœur la tristesse et l'ennui ; elle se mit à l'étude avec ardeur et courage. Très-appliquée, et douée de beaucoup d'intelligence, elle fit des progrès rapides. Son application ne se borna pas à ses devoirs de classe : naturellement pieuse, elle le devint plus encore. On aimait à la voir prier, elle le faisait si bien ! Marie, du haut du ciel, se plaisait à orner sa jeune âme de toutes les vertus.

Les dignes Maîtresses d'Elise surent bientôt

apprécier l'heureux naturel dont elle était douée et toute la délicatesse de son cœur si pieux et si pur ! La Maîtresse générale des classes, Mère S<sup>te</sup> Angélique, lui portait la plus grande affection ; plus qu'une autre elle pouvait la connaître et lui faire du bien. Ses rapports constants avec les élèves, la confiance qu'Elise lui témoignait en toute circonstance, les petites confidences qu'elle lui faisait avec abandon et naïveté, le lui permirent. Elle lisait avec joie dans cette âme tout ce que Dieu y avait déposé de bon, de doux, de noble, de délicat, elle s'en servit avec tact et bonté pour le bien de celle qu'elle nommait sa chère enfant.

Après quelques mois, Elise fit partie de la Congrégation des Enfants de Marie : pendant ce laps de temps, sa conduite avait été exemplaire ; décorée du cordon d'honneur, toujours la première pour les notes de sagesse, son application à ses devoirs était constante et après les avoir remplis avec la plus exacte fidélité, qu'ambitionnait-elle le plus souvent? des éloges, des distinctions, des caresses, l'estime? Oh! non, non, rien de tout cela ; elle voulait plus et mieux que ces sortes de récompenses, d'encouragements. Ce qu'elle demandait alors bien bas et à genoux, c'était une petite pratique de mortification, un acte d'humilité qu'elle accomplissait toujours avec une joie et un courage tel qu'elle édifiait ses compagnes, toutes alors désireuses de l'imiter. La tâche de la bonne Mère S$^{te}$ Angélique, on le comprend, devait être facile et douce. Sous sa maternelle direction, Elise fit de sensibles progrès dans la vertu ; le travail de la grâce la trouvant docile à ses inspirations ne tarda pas à la montrer élève modèle. Elle ne savait pas refuser même le plus léger service, à ses compagnes elle le leur rendait toujours gracieusement, et avait pour toutes une parole agréable et bonne. Naturellement réfléchie, un peu sérieuse, elle était cependant d'une amabilité charmante ; elle ne manquait point de charité et excusait toujours de son mieux celle de ses compagnes que l'on attaquait : nous savons si cette vertu lui fut toujours chère et de quelle façon elle a su la pratiquer plus tard. Toutes ses compagnes l'aimaient non comme une amie mais comme une petite mère. Une d'entre elles avait perdu la sienne; c'était une de ces natures bonnes et franches, à l'âme ardente et vive, au cœur aimant et expansif. Elle aima bientôt Elise de toute son âme.

Elise connaissait toute la bonté du cœur de sa jeune amie, elle aimait ce caractère heureux, cette franchise naïve dont Dieu l'avait douée; la vivacité d'Henriette ne l'effrayait point, elle savait toujours la calmer. Que d'étourderies ne lui avait-elle pas épargnées soit par une parole doucement glissée à l'oreille, soit par un sage conseil donné à propos; mais cela avait été dit avec un doux sourire et une délicatesse exquise qui l'avait fait accepter avec joie et bonheur.

« Elise, merci, s'écriait alors Henriette R..., sans votre bonne affection, j'eusse fait aujourd'hui plus d'une sottise. » Puis, passant doucement son bras autour de la taille de son amie, elle l'embrassait, et lui disait d'un ton ému : « Je n'ai plus de mère, vous le savez, soyez la mienne, Elise, je vous aime d'une façon si vraie. » Un sourire bien doux, un regard sympathique disait alors à la gentille espiègle que la douce mission était acceptée.

Née sous un ciel où les fleurs s'épanouissent si belles, caressée longtemps par une brise parfumée, Elise aimait tout ce qui lui rappelait son pays, sa famille. Les fleurs étaient pour elle des connaissances amies; elle aimait leurs brillantes corolles, leur doux arôme, leur gracieux langage; leur vue réjouissait à la fois et son âme et son cœur. Henriette les aimait aussi : gâtée de ses parents qui ne lui refusaient rien, elle recevait d'eux presque chaque semaine un énorme bouquet; que faisait-elle alors? elle en détachait aussitôt les fleurs les plus fraîches, les plus petites, les plus délicates, les plus doucement parfumées, les plaçait soigneusement ensuite dans un tout petit verre avec de l'eau et vite, vite, elle allait déposer son petit trésor dans le tiroir d'Elise au réfectoire ; celle-ci, arrivant à table, était agréablement surprise en prenant sa serviette de trouver là un gracieux petit bouquet, lui disant dans son poétique langage mille jolis riens toujours affectueux. Son regard cherchait aussitôt Henriette et son sourire lui disait merci ; quelques instants après, les petites fleurs étaient déposées par Élise à l'autel de Marie.

Ce n'était point là une de ces amitiés particulières que l'on défend si fortement dans tout pensionnat bien dirigé. Oh ! non, Elise aimait toutes ses compagnes, et en était généralement aimée ; elle n'aurait nullement voulu contrister, sur un point si sévère du règlement, le bon Dieu et ses maîtresses. Elle était l'ange, l'amie aux bons conseils d'Henriette, mais rien au-delà. Ces titres, beaucoup de pensionnaires les lui donnaient : elle avait pour toutes, nous le savons, une affection vraiment charitable et des procédés délicats. Du reste, cette attention que nous venons de citer n'était pas la seule qu'on eût pour elle. Plusieurs de ses compagnes, heureuses de lui être agréables, l'entouraient à la récréation de leurs petites prévenances : on s'empressait de lui offrir un volant, un cerceau, une corde, un jeu quelconque, une chaise, un tabouret, une image qu'on savait lui plaire. Elise, d'abord sensible comme tout cœur délicat, à ces marques d'affection, à ce petit culte dont elle se voyait l'objet, en eut de la peine plus tard. Elle aimait tant le bon Dieu alors, elle le priait avec une si grande ferveur ! Il lui sembla qu'elle ne devait plus accepter ce qui lui procurait une si douce satisfaction ; elle dit sa peine à la bonne Mère S$^{te}$ Angélique, puis s'en plaignit doucement à ses compagnes : « Nous devons aimer le bon Dieu de tout notre cœur et par-dessus tout, leur dit-elle, et ce que nous donnons à la créature est ravi, dérobé au bon Dieu ; gardons nos fleurs et nos tendresses pour Lui seul. »

Ne semble-t-il pas qu'Elise préludait déjà à la fonction de Maîtresse des Novices qu'elle devait remplir, plus tard, si parfaitement !

---

## CHAPITRE IV.

Dernières années d'Elise au pensionnat des Ursulines d'Aix. — Son départ pour Hyères.

Deux ans s'étaient écoulés depuis l'arrivée d'Elise au pensionnat; aimée et chérie de ses maîtresses, de ses compagnes et du bon Dieu surtout qui se plaisait à répandre sur elle ses bénédictions et ses grâces, elle se trouvait heureuse et faisait tous ses efforts pour plaire à la S$^{te}$ Vierge qu'elle aimait d'une tendresse toute particulière. Sa conduite était exemplaire : voici ce que nous disait à son sujet, il y a peu de temps encore, une dame de ses amies, pensionnaire avec elle à Aix : « Elise a quitté les Ur-
« sulines six mois après ma sortie du pension-
« nat ; c'était déjà une sainte ; douée d'une
« douceur angélique, elle ne disait jamais
« un mot pour faire de la peine ; si elle nous

« adressait une observation, elle était faite avec
« tant de tact et de bonté qu'il fallait l'aimer,
« et mettre en pratique les choses dont elle
« nous donnait l'exemple. Je me rappelle un
« trait qui vous peindra et sa délicatesse et son
« cœur : c'était un vendredi, pour mon goû-
« ter j'avais bourré mon quart de confiture et
« je mordais dessus bel et bien. En sortant du
« réfectoire avec mes compagnes, je rencontre
« Elise qui m'embrasse et me dit *bien bas :*
« Comment, S...., nous ne savons pas faire
« une mortification, même le vendredi ! —
« Je vous avoue que, tant que j'ai été au cou-
« vent, je n'ai mangé plus aucune friandise le
« vendredi. »

Elise recevait quelquefois, dans l'année, la visite de ses parents. Céleste était aussi venue la rejoindre, elle avait trouvé en sa sœur aînée une mère qui l'entourait d'attentions et de soins ; tout en s'amusant des espiègleries continuelles de sa plus jeune sœur, Elise savait adroitement la reprendre de ses sottises, de ses petits travers et la ramener à l'ordre.

Les deux sœurs passaient le temps des vacances au Pensionnat. M. et M^me Laure préféraient visiter eux-mêmes leurs enfants que de les rappeler chaque année dans la famille. La douleur de la séparation leur aurait paru plus amère et plus vive ; ils aimaient mieux faire plusieurs voyages que d'exposer leurs enfants à des regrets si vifs et si souvent répétés. On se souvient des larmes qu'Elise répandit en quittant sa famille, pourquoi renouveler un tel chagrin ? Pendant le temps des vacances, les deux sœurs étaient presque toujours avec les bonnes religieuses, une intimité plus grande s'établit entre Mère S^te Angélique et son élève de prédilection, sa chère enfant qu'elle dirigeait alors avec plus de soin et qu'elle voyait croître chaque jour en sagesse sous le regard protecteur de Marie. Ce fut elle qui, la première, reçut la confidence naïve de ses petits projets à venir.

Depuis quelque temps l'obéissance prompte et généreuse d'Elise ne laissait rien à désirer, l'on s'aperçut même qu'elle s'exerçait à la pratique des vertus religieuses. Oui, son âme pure avait choisi déjà Jésus pour époux ! Longtemps elle avait gardé cette pensée au fond de son cœur ; elle la caressait dans ses rêves ; dans ses prières, elle revenait encore : de grosses larmes coulaient alors de ses yeux et, regardant avec attendrissement les religieuses dans leurs stalles au chœur, elle disait tout bas : « Moi aussi je serai religieuse un jour. » Cette grâce de la vocation religieuse, Marie l'avait accordée à sa piété douce et tendre, à son âme candide et pure ; cette précieuse petite fleur devait germer, se développer et produire plus tard des fruits abondants de vertus. Ce secret fut donc déposé dans le cœur de Mère S$^{te}$ Angélique, dès lors celle-ci qui avait déjà compris le travail de la grâce dans l'âme de son enfant, ne douta plus de sa vocation et s'appliqua plus encore à la diriger.

Que de fois passant devant Jésus Hostie renfermé dans son saint tabernacle, Elise, se prosternant pour l'adorer, lui envoyait un baiser accompagné d'un sourire et de ces mots qu'on entendit un jour : « O Jésus, je n'aurai jamais d'autre époux que vous ! » Cette même année, pour la fête de la supérieure, une agréable surprise lui fut réservée : on l'habilla en religieuse ! Oh ! qu'elle fut heureuse et fière pendant cette journée qu'elle passa tout entière au Noviciat ! Le soir, en quittant le voile, le cordon, la robe, elle les baisa avec transport en s'écriant : « Je vous quitte maintenant, sainte parure des épouses d'un Dieu, mais je vous reprendrai plus tard pour ne plus vous quitter ! »

Elise touchait du piano, elle avait de la voix et chantait avec bonheur les cantiques que ses maîtresses lui apprenaient : « Oh ! oui, disait-elle quelquefois à ses compagnes, chantons notre amour à Jésus et à Marie, c'est le leur dire ainsi délicatement et avec mélodie. Pendant le

mois de mai, elle était toujours la première à déposer quelques fleurs à l'autel, à l'orner, etc. Marie, c'était sa mère, elle l'aimait de toute l'ardeur de son âme ! Du reste, voici ce que nous écrit d'Elise la vénérée supérieure des Religieuses Ursulines. « La dernière année de
« son séjour parmi nous, on remarqua qu'Eli-
« se Laure pratiquait avec facilité les vertus
« religieuses, et cherchait même à s'initier
« dans celles de la vie intérieure. L'humilité
« fut sa vertu favorite, car malgré ses dispo-
« sitions pour les sciences, elle ne chercha ja-
« mais à se distinguer, et je pourrais vous ci-
« ter mille choses édifiantes au sujet de celle
« que nous sommes toutes vraiment heureuses
« d'avoir possédé parmi nos élèves. »

Elise, à cette époque, avait eu la pensée, et manifesta le désir de renoncer à la musique et au piano parce que c'était, disait-elle, un passe-temps trop mondain et superflu, On ne consentit point à cela, elle obéit et se soumit comme toujours.

Plus de trois ans et demi s'étaient écoulés depuis l'entrée d'Elise au pensionnat, elle faisait sa première classe. C'était en 1843, quelques mois encore, et l'enfant de douze ans devenue jeune fille allait rentrer dans sa famille ; cette pensée avait pour son cœur un côté déchirant. Elise trouvait si douce sa vie de pensionnaire ! Elle aimait tant cette maison où elle coulait des jours si heureux, cette sainte retraite où son âme avait appris à aimer Dieu plus encore et ressenti ces premières émotions de piété, signes avant-coureurs et certains des grâces abondantes que Dieu lui réservait. Son Jésus du couvent, comme elle se plaisait à l'appeler, elle le connaissait si bien ! Il était pour elle si tendrement bon ! Et cette chapelle des enfants de Marie, tout ce qu'elle lui disait au cœur ! Là, d'une voix émue et tremblante, elle avait prononcé l'acte de sa consécration à la Reine des Vierges, le jour où le suffrage des élèves l'appela à faire partie de cette congrégation si chère à Marie. Plus tard, au pied de ce même autel, elle avait aussi déposé dans le cœur de sa mère du ciel le secret de sa vocation religieuse et lui avait fait le serment de se consacrer à son Jésus. Oh! oui, cette petite chapelle lui était chère, elle lui parlait au cœur de bien des façons, elle lui rappelait de douces joies, de saintes promesses; la quitter, c'était pour elle un déchirement! O ma mère, disait-elle souvent alors à la Maîtresse Générale, ce qui me console un peu de vous quitter, c'est la pensée bien douce que j'emporterai dans mon cœur de vous revenir bientôt et pour toujours.

Le temps coula vite, bien vite; et, sans pitié pour notre jeune amie, il emporta dans sa course rapide les quelques mois qui la séparaient du départ. Quelques jours encore, et Elise allait quitter ses dignes Maîtresses, ses compagnes aimées. Elle allait pour toujours dire adieu à tout ce qu'elle aimait tant : à son couvent chéri, comme elle l'appelait ; son cœur était bien triste. Tout ce qui l'entourait semblait revêtir un charme nouveau ; jamais elle n'avait si bien vu les détails, découvert les nuances, saisi mille riens plus délicats encore : soit dans les personnes, soit dans les objets ; son cœur n'avait jamais senti autant d'affection pour ses compagnes, de reconnaissante tendresse pour les bonnes religieuses ; de sympathie pour tous. C'était comme un monde nouveau, comme une douce vision devenue une délicieuse réalité ; tout servait à augmenter plus encore ses regrets ! Il en est ainsi de tout ce que nous laissons ici-bas. La chose la plus minime, la plus insignifiante devient pour nous d'un prix infini. La moindre parole, le moindre geste, le plus petit sourire apporte à notre cœur une émotion inconnue, une sensation non encore éprouvée, et nous dévoile tout un monde de pensées et de sentiments que nous ne savions pas démêler et que nous sentons alors d'une façon étrange. Nous sommes étonnés, puis tout cela prend une place, une sorte de fixité en nous : c'est quelquefois plus qu'une lueur, c'est un pas que nous faisons dans la vie, nous le comptons du moins comme tel ; c'est en effet, une sorte d'avancement.

« Non, pas adieu, disait Elise aux bonnes
« religieuses qui l'entouraient et l'embras-
« saient au moment du départ, non, non, ce
« mot fait mal, il pèse au cœur ! Je vous dis :
« au revoir ! Céleste à son retour vous réitère-
« ra ma promesse, et je vous reviendrai pour
« toujours. » Elle partit répétant encore :
« Au revoir. » Puis se retournant et souriant à travers ses larmes à la douce et consolante pensée qu'elle emportait dans son âme, elle ajouta : « Je reviendrai et pour toujours. »

Dieu, dans ses secrets impénétrables, devait vouloir autrement !

## CHAPITRE V.

Retour d'Elise à la maison paternelle. — Son intimité avec son frère Adolphe.

Le retour d'Elise dans la maison paternelle fut une douce joie pour la famille. M. et M$^{me}$ Laure surtout étaient heureux et fiers de retrouver, après quatre ans d'absence, leur chère enfant grandie, embellie et devenue meilleure encore.

Unissant, aux grâces naturelles de ses seize printemps, le charme irrésistible d'une modestie qui s'ignore, d'une réserve timide qui laisse deviner la vertu n'excluant ni l'abandon, ni la gaîté d'un naturel heureux, Elise offrait ce type parfait de jeune fille dont la vue, comme celle d'un gracieux et frais bouton de rose, produit une sensation agréable, exhale un parfum doux et pur. On retrouvait dans l'enfant devenue jeune fille la taille élancée, l'air déjà noble et grand de ses premières années. Sa physionomie agréable, mais réfléchie, et sa tête haute donnaient à sa personne, dès l'abord, un aspect un peu fier. Cette fierté n'était qu'apparente et disparaissait bien vite devant le gracieux sourire qui se jouait sur ses lèvres dès qu'elle adressait la parole à quelqu'un. Le son de sa voix, alors, révélait toute la douceur de son âme, toute la bonté de son cœur; la justesse de ses moindres réponses laissait déviner la pénétration d'un esprit droit et d'un jugement déjà solide et formé. Elle parlait peu, mais à propos, et se prêtait gracieusement à la plaisanterie.

On avait mis à la disposition d'Elise une chambre de jeune fille; préparée par les soins attentifs de sa bonne mère et de sa sœur aînée, rien n'y manquait; mais tout y était fort simple. On y voyait un lit entouré de rideaux bien blancs, en face une petite crédence où se trouvait placée une blanche statue de la Vierge surmontée d'un christ, ornée de deux vases garnis de fleurs fraîches, formait son petit autel ; une cheminée, une commode, une petite table à écrire, un fauteuil et quelques chaises ; c'était là tout l'ameublement de cette petite pièce qu'elle trouvait charmante et où elle se retirait pour prier, faire quelque lecture pieuse et écrire à ses frères absents ou à la bonne Mère S$^{te}$ Angélique qu'elle n'oubliait point. Le reste du temps elle s'occupait avec sa mère du linge de la maison et souvent aussi confectionnait des vêtements pour les enfants pauvres ; elle veillait à tout. On se reposa bientôt sur elle des différents soins à donner à l'ordre et à la propreté de la maison, elle s'en acquitta parfaitement et toujours avec une amabilité charmante et sans le moindre embarras. Se cachant pour faire le bien, s'oubliant elle-même, elle pensait à tout et à tous. Sa sollicitude n'était ni empressée, ni inquiète. Son père, sa mère, ses frères et sœurs étaient délicatement prévenus dans leurs moindres désirs : toujours ils trouvaient à leur portée, et sans l'avoir demandé, ce qu'ils désiraient ; leur sourire alors remerciait Elise. « Il nous semblait, dit la sœur aînée, qu'elle était parfaite. » Et M. Jules, un de ses frères qu'elle aimait aussi beaucoup, ajoute : « Se couchant toujours la dernière et la première debout, elle avait le temps de passer à la cuisine, au salon, d'inspecter la table et les chambres et, sans se montrer, laissait partout une preuve de son attention, de sa bonté, de son dévoûment. »

Son excellent caractère la rendait très-agréable à tous ceux qui la voyaient de près, et la faisait plus particulièrement aimer de ses parents ; heureux de son empressement à leur être agréable, ils disaient souvent avec émotion qu'ils ne se souvenaient pas de lui avoir vu exprimer un refus, quoi qu'ils désirassent d'elle. Où puisait-elle cette amabilité toujours gracieuse, ce dévoûment de chaque instant? Oh! c'était dans la prière, dans l'amour de Jésus et de sa Mère, dans la fréquentation des sacrements, dans la pratique des vertus religieuses auxquelles elle s'appliquait plus encore. Eloignée de celle qu'elle nommait sa seconde mère, elle avait conservé ses sages conseils, ses salutaires avis ; dans les longues lettres qu'elle lui écrivait, elle lui ouvrait toute son âme, ce laisser-aller, cet abandon la soutenait. Son désir de la vie religieuse devenait chaque jour plus vif ; mais elle n'en disait rien dans la famille, elle eût contristé sa mère ! M$^{me}$ Laure, quoique très-pieuse, ne voulait pas en entendre parler ; notre jeune amie le savait, et gardait pour Dieu seul le secret de son âme ; plus tard elle le confia à son directeur qui nous écrit à ce sujet d'abord les quelques lignes que voici :

« Notre pieuse fille avait eu les prémices de
« mon ministère à Hyères, et elle en était la
« consolation. Durant les quelques années que
« j'ai eu à cultiver cette âme bénie, j'ai vu en
« elle une docilité et une correspondance à la
« grâce que je n'ai peut-être jamais rencon-
« trées dans aucune autre à un si haut degré.
« Aussi ne tardai-je pas à comprendre que le

« Divin Maître ne la laisserait pas dans le
« monde. Ce que je vis en elle, et tout ce dont
« je fus témoin dans les visites que je faisais à
« sa famille, ne me laissa plus de doute sur sa
« vocation. Sa maison était comme un lieu de
« postulat où elle préludait à tout ce qu'on a
« vu plus tard d'admirable en elle, et je me
« disais parfois qu'au Noviciat, après lequel
« elle soupirait, sa maîtresse serait étonnée de
« la trouver si formée déjà aux choses religieu-
« ses, et aux vertus de ce saint état.

« Quelques nombreuses et difficiles que
« soient ces vertus, je ne crois pas qu'il y en
« eût une seule qu'elle ne pratiquât déjà avec
« un courage et une fidélité admirables. »

Chaque matin Elise allait à la Messe ; le soir, elle se rendait encore à l'église pour réciter son chapelet au pied de l'autel de Marie. Sa vie était bien ordinaire sans doute ; mais qu'elle était déjà pieuse et sainte devant Dieu qui voit les secrets des cœurs !

Quand Céleste revint à la maison, la joie

d'Elise fut bien grande, elle aimait tant sa plus jeune sœur! Dès lors, tout fut commun entre elles deux ; prières, bonnes œuvres, promenades, toilette même, si l'on peut appeler de ce nom la mise toujours simple, mais soignée des deux jeunes filles. Leurs chapeaux n'avaient point de fleurs. Un jour on voulut les orner d'une touffe de marguerites où se trouvaient gracieusement mêlés quelques petits boutons de roses. « Non, dit Elise, je n'en veux point, un nœud de ruban suffit. » — « Cela n'augmente pas le prix, objecta l'ouvrière, et n'altère, en rien, la simplicité du chapeau, » et elle insista ; mais ni Elise, ni Céleste ne voulurent accepter, et le dimanche suivant, un ruban, un simple nœud était tout l'ornement de leur coiffure.

Cependant Elise tenait à ce que tout fût en règle, propre et bien tenu ; elle ne tolérait point certaine négligence qui pouvait paraître du désordre, ainsi un ruban mal noué, des gants de couleur non assortie, une voilette non fixée, etc., etc.; c'était elle qui inspectait Céleste au moment du départ, et qui retouchait toujours quelque chose à son arrangement; son ordre était parfait, chaque chose avait sa place dans son armoire et dans sa chambre; sa propreté excessive allait parfois jusqu'à la minutie, elle le savait, en riait, et disait gaîment : « Je ne tarderai pas à avoir des manies. » Elle n'en eut jamais : son cœur noble et grand sut toujours rester à la hauteur de sa piété solide et éclairée, elle ne connut jamais en rien la moindre petitesse.

Elise paraissait froide, nous l'avons dit, elle parlait peu; rarement elle exprimait par des paroles les sentiments de son cœur; elle gardait pour elle ce petit monde de pensées, d'affection, de douces joies intérieures, les dire, c'était d'abord les trahir, puis se priver de leurs charmes. Elle souffrait quelquefois de ce silence; mais elle le reconnaissait et l'avouait, c'était chez elle impuissance morale. Elle aimait profondément tous les siens; mais elle avait pour Adolphe une prédilection bien marquée et généralement reconnue. Leurs deux cœurs se comprenaient, et cette affection de leurs premières années, devenue plus forte, plus solide et mieux sentie encore, établit entre eux une douce intimité.

Adolphe, alors commandant, avait son régiment en Afrique ; mais il venait de temps à autre passer un mois ou deux dans sa famille. Elise préparait d'avance sa chambre, disposait tout de son mieux, prévoyait ce qui pouvait lui être agréable et recevait ensuite avec joie et bonheur celui dont elle regrettait si fort l'absence et qu'elle revoyait toujours avec une douce émotion. La malle était aussitôt défaite avec un joyeux empressement, elle renfermait toujours quelque charmante surprise, c'étaient mille petits cadeaux, mille jolis riens, d'un prix infini et dont on se parait avec bonheur ; puis des causeries sans fin, dans la chambre qu'on arrangeait de nouveau. Adolphe s'asseyait auprès de sa sœur et un récit entrecoupé de douces plaisanteries mettait bien vite Elise au courant des joies et des espérances de celui qu'elle aimait d'une si franche tendresse ; elle partageait les unes, souriait aux autres et, rêvant avec lui d'un avenir heureux, elle approuvait certains projets tout en détournant adroitement ceux que son jugement droit et sa profonde affection pour son frère lui faisaient repousser comme nuisibles à son bonheur. Adolphe était bien vite de son avis, sa petite sœur avait toujours raison. Quand il avait mis quelque chose en place dans sa chambre et que rentrant ensuite, il ne le trouvait plus, alors il s'emportait, tempêtait, grondait, appelait de côté et d'autre. Elise, à ses cris, entrait calme et sérieuse : « C'est moi, mon ami, lui disait-elle alors, qui ai placé ailleurs ce gilet, cette cravate, ce vêtement, etc., le voici, » et elle donnait doucement à l'impatient jeune homme ce qu'il réclamait avec tant de vivacité. « Ah ! c'est toi, disait Adolphe dont l'emportement s'était aussitôt calmé, pardon, petite sœur, je suis bien mal avisé de me fâcher ainsi, » puis il l'embrassait ; mais contrarié de lui avoir fait de la peine, il était mécontent de lui-même et ne reprenait sa gaîté qu'après avoir fait à sa sœur mille protestations de tendresse ; il fallait qu'Elise l'assurât de nouveau de toute la sienne, le consolât même, tant il était malheureux d'avoir contristé un instant celle qu'il aimait avec tant d'abandon. La conversation changeait ensuite, la petite scène était oubliée ; la douce intimité ainsi rétablie revêtait dans l'âme d'Adolphe un charme nouveau. Il sortait peu ; mais il était toujours heureux d'accompagner sa sœur : « Viens, lui disait-il, nous allons nous promener demi-heure seulement. — Je ne le puis, objectait Elise, il faut que je dise mon chapelet. — Eh bien, promets-moi la promenade, répondait Adolphe, et j'irai avec toi dire le chapelet à l'église. » La proposition alors était toujours acceptée, et la prière à Marie, récitée pieusement à son autel par le frère et la sœur. Une autre fois, il lui faisait une pieuse lecture et ils échangeaient ensemble de saintes réflexions. Ainsi peu à peu Elise insinua dans l'âme de son frère une tendre dévotion pour la Reine des Anges.

Adolphe eut bientôt pour Marie une piété toute filiale et n'en rougissait pas. Son grade de colonel, ses brillantes décorations ne l'empêchèrent point plus tard de se découvrir respectueusement devant une image de la Vierge, de ployer le genoux à son autel et de réciter chaque jour une prière en son honneur. N'est-ce point ce cœur généreux et brave qui, quelque temps avant sa mort, écrivait à Elise, alors Mère Marie-Ephrem, ces mots consolants : « Je défie qui que ce soit au monde d'aimer la Sainte Vierge plus que je l'aime. » Nobles sentiments, dignes du cœur chrétien qui les exprimait.

Une autre fois, étant dans une ville, et visitant une église, il s'arrêta, comme toujours, devant l'autel de Marie, fit une prière, et déposa aux pieds de la superbe Madone, la petite fleur qu'il tenait à la main. En sortant, il rencontre un de ses soldats qui venait lui aussi visiter l'église, il le rudoie d'abord, puis lui dit brusquement : « Que viens-tu faire ici? — Colonel, répond le soldat qui connaissait le noble cœur de son chef, je viens y faire ce que vous y avez fait vous-même, prier la Sainte Vierge. » Un sourire fut adressé au brave militaire, et peu de temps après le simple soldat était fait sergent.

Jamais aussi, il ne sut refuser l'aumône à un pauvre ; sa bourse fut toujours ouverte aux malheureux. Une fois même il couvrit du manteau dont il se dépouilla un vieillard grelottant demi-nu sous ses froids haillons; et cela, à l'insu de tous, justifiant pleinement le précepte de l'Evangile : « Gardez-vous de faire vos bonnes œuvres devant les hommes ; et lorsque vous faites l'aumône, que votre main gauche ignore ce que fait votre droite. » Cet amour des pauvres lui était aussi commun avec Elise, souvent même il l'aidait dans ses charités. Une fois entre autres, il lui apporta un fort joli bracelet, la jeune fille sut en faire délicatement le sacrifice. Adolphe le sut et pour la dédommager, il lui rapporte de Toulon, le lendemain, une fort jolie bourse, renfermant une petite somme assez ronde. « Voilà pour tes pauvres, lui dit-il, le contenu est pour eux, le reste, pour toi. » Il était si heureux de lui faire plaisir ! « Je comprends, lui disait-il quelquefois dans un moment de douce expansion, oh ! oui, je comprends que tu veuilles te faire religieuse ; ton cœur si pur ne doit appartenir qu'à Dieu seul, tu souffrirais trop si tu le donnais à un autre. » Adolphe avait raison, il fallait à Elise les douceurs ineffables de l'âme étroitement unie à son Dieu ! Aussi l'affection d'Adolphe pour sa sœur était une sorte de vénération. Rien ne lui échappait, il voyait tout : ses petites pratiques de piété, ses mortifications à table ; elle disait souvent ceci : « La prière ne suffit pas, il faut savoir y joindre la pénitence. »

— « Que de fois, dit la sœur aînée, je l'ai surprise se privant de son dessert ou laissant quelques mets agréables pour prendre de préférence ceux qui n'étaient pas de son goût. » Dès qu'elle eut atteint vingt-et-un an, elle fit tous ses carêmes, et rigoureusement ; le soir, elle se contentait d'une très-légère collation ; alors Adolphe, d'ordinaire, disait en souriant : « Et moi aussi, je ne dois manger que cela ? allons, soit ! » et quelque chose était mis de côté. Une année, pendant tout le Carême, elle se contenta, chaque soir, d'un peu de haricots légèrement assaisonnés, et elle disait gaîment, quand on lui observait de varier sa collation : « La mortification n'est pas grande, et croyez-le, la gourmandise y trouve encore son compte, attendu que ce légume est fort de mon goût. »

Lorsque Adolphe allait rejoindre son régiment, et qu'il séjournait quelque temps en Afrique, la famille lui écrivait deux fois par mois, époque à laquelle partait le courrier. On laissait Elise faire toute seule sa correspondance trop volumineuse pour être renfermée dans celle de la famille. Elle écrivait chaque fois seize pages et plus. Expédiées avec une joie indicible, ces chères pages étaient lues et relues avec bonheur. « Tes lettres, lui disait Adolphe, oh! écris-les moi bien longues! je suis toujours si heureux des détails qu'elles renferment : tu dis si bien ce que je sais seulement sentir! tu touches si délicatement ces riens intimes qui s'éveillent et résonnent dans mon âme au doux contact de la tienne. Je me sens meilleur près de toi, petite sœur, nous sentons de même, je le sais, j'aime d'une somme égale d'affection tout ce que tu aimes, quoique d'une façon moins parfaite, je l'avoue, mais ceci tient à ta piété d'ange. Aussi tu sais non-seulement me comprendre, mais me deviner, c'est ce qui me rend si heureux. » C'était là ce qui faisait précisément le chagrin d'Elise quand elle rêvait à la vie religieuse. Je ne serai plus là un jour, pensait-elle, et il a tant besoin d'être compris! Cette bouillante nature ne pouvait être heurtée, la douce jeune fille le savait. Aussi, bien souvent, en songeant à l'avenir, elle priait avec plus d'ardeur pour celui qu'elle laisserait !

Le rêve d'Elise était de retourner dans son couvent, elle demandait instamment cette grâce à Marie et son amour pour la Reine des Vierges s'augmentait de toute l'ardeur de ses désirs, ils devenaient chaque jour plus vifs, plus généreux. Elle se préparait par de pieuses neuvaines à célébrer ses fêtes avec piété et ferveur, et ne refusait à Marie rien de ce qu'elle croyait lui être agréable.

## CHAPITRE VI.

Tendre piété d'Elise pour la S^te Vierge. — Maladie
et mort de M^me Laure.

Presque en face de la riche péninsule de Gien où croissent abondants le sapin, le figuier, le chêne-liége ; des îles du Levant et de Porqueroles érigées en marquisat par François I^er sous la poétique dénomination d'*îles d'or*, s'étend, à droite de la petite ville d'Hyères jusqu'à la mer, une chaîne de riantes collines plantées d'amandiers, d'oliviers et de vignes ; la dernière, couronnée d'un petit bois de pins semble se mirer gracieusement dans l'onde et sourire aux flots argentés qui viennent doucement expirer sur la grève ; le nautonier la salue en passant, le pêcheur se découvre humblement à sa vue, s'arrête, amarre un instant sa barque au rivage et gravit, joyeux et ému, le sentier qui mène à son sommet. Là se trouve une gracieuse petite chapelle : celle de *Notre-Dame-de-Consolation*. Marie, toujours compatissante et bonne, a voulu choisir ce petit sanctuaire pour y être particulièrement honorée, bénie, priée et pour répandre, sur l'affligé, d'une façon plus intime ses consolations, ses faveurs et ses grâces. On ne l'avait jamais invoquée en vain ! Quand gronde la tourmente, quand la lame bondit, écume, se brise avec fracas et mugit avec l'ouragan terrible, sa blanche statue au manteau bleu, placée sur le clocher, qu'éclairent seules les sombres lueurs de la foudre, semble majestueusement commander aux vagues et arrêter la fureur des flots. Le marin l'invoque sur le pont du navire, les enfants du pêcheur la prient dans leur cabane, la pauvre mère tend vers elle des mains suppliantes demandant le retour de son fils. Le lendemain, une rame brisée, un chapeau goudronné, déposés devant la Vierge noire à côté de l'autel, attestent et proclament à la fois la puissance et l'amour de la Reine du ciel !

Ce pieux sanctuaire, Elise le connaît : que de fois appuyée sur le bras d'Adolphe, accompagnée de Céleste, elle est allée prier Marie dans sa chapelle privilégiée ! C'était, d'ordinaire, un samedi matin, un jour de fête qu'elle choisissait de préférence pour monter à l'ermitage. Ce jour-là, on se levait de meilleure heure, on partait heureux et content. On s'arrêtait dans le petit bois de pins d'où l'on découvre la douce image de Marie. On se reposait un instant, les oiseaux chantaient dans le feuillage et mêlaient leur gazouillement au clapotement des vagues, aux joyeux tintements de la cloche. Elise, alors, entonnait un cantique et les chants pieux se succédaient jusqu'à l'entrée de la chapelle. On assistait à la messe, on s'asseyait à la table des anges, on priait longtemps, puis munis du pain des forts, on descendait la colline en entonnant le chant d'adieu.

D'autres fois, c'était une grâce qu'Elise voulait obtenir, alors la pieuse jeune fille joignait le sacrifice à la prière : elle gravissait nu-pieds le long sentier du sanctuaire qui, à une certaine distance, devenait, à cette époque, difficile, escarpé et rude. Des brodequins préparés à dessein, desquels elle avait adroitement détaché la semelle, la servaient admirablement pour cacher à tous les yeux cet acte de mortification, et l'humble et intrépide jeune fille gravissait, à l'insu de tous, l'âpre chemin dont les cailloux et les ronces déchiraient sans pitié ses pieds délicats ! Pas une plainte ne trahissait sa souffrance ; son sourire était le même, et son chant à Marie, toujours doux. Son amour pour la vie cachée a toujours été tel que le secret de ses mortifications est resté le même pour tous. Mais Dieu, Marie et les anges le connaissent, Marie surtout ! Ecoutons encore son digne et pieux directeur nous parler de sa piété, de son amour pour la Reine des Vierges.

« Le zèle dont cette chère fille était dévorée
« pour la maison de Dieu, et sa tendre piété

« envers la S^te Vierge, l'avaient fait choisir
« pour avoir soin de l'autel de cette Divine Mè-
« re. Ce fut pour elle un bonheur extrême ;
« l'esprit de foi qui l'animait dans tout ce
« qu'exigeait d'elle ce pieux travail, se mon-
« trait sur son visage, et je n'ai jamais douté
« que l'empressement et l'amour filial avec
« lesquels elle s'y dévouait, ne lui ait valu ce
« redoublement d'amour pour Marie qui est
« toujours allé croissant dans son cœur. »

Elle ornait elle-même l'autel, en soignait les nappes, les pentes, les fleurs, et ne laissait à personne le soin de balayer, d'épousseter. On la voyait chaque lundi et samedi, les brides de son chapeau dénouées et rattachées soigneusement par derrière, son écharpe ou son mantelet relevé par un nœud, et ainsi armée d'un balai et d'un plumeau, approprier le petit sanctuaire de Marie et quand on lui objectait qu'elle pouvait fort bien se décharger sur un autre de ce dernier soin, elle se récriait en souriant et disait : « Dieu me garde, de me priver de cette douce consolation, je ne veux la laisser à personne, je la garde tout entière pour mon cœur, c'est mon droit. » Quand, parfois, durant l'hiver, le mauvais temps l'empêchait de se rendre, le soir, à l'église pour dire son chapelet, elle se retirait d'ordinaire, alors, dans sa chambre, prenait avec elle le petit Paul, son neveu, qu'elle appelait son cher petit ange, et pour inspirer à ce jeune cœur, qu'elle voulait si pur, l'amour de Marie, elle posait l'enfant devant elle debout sur un tabouret, joignait ensemble ses petites mains qu'elle prenait dans les siennes sur ses genoux et récitait avec lui son chapelet. Ce gracieux tableau d'une vierge et d'un ange en prière, Marie sans doute le contemplait du haut du ciel avec amour et souriait en répandant sur ces deux âmes si pures ses grâces abondantes, ses plus douces faveurs. Pour récompenser l'enfant de son attention, Elise le caressait d'abord avec une pieuse émotion, puis lui apprenait un petit cantique et la voix enfantine de Paul, se mêlant à celle de la jeune fille, redisait les louanges de la Reine du Ciel : « Encore, tante Elise, encore, » et elle recommençait avec une gracieuse complaisance le doux refrain que Paul tout joyeux répétait.

C'est ainsi qu'Elise savait prier et les saintes rêveries de son âme pieuse et pure étaient alors pour elle comme un reflet des joies du ciel.

On était alors à la fin de l'été de 1848. M$^{me}$ Laure, souffrante depuis quelque temps déjà, tomba gravement malade. Les soins les plus empressés lui furent prodigués, Elise se multipliait auprès de sa mère. La maladie fut longue, bien longue; mais son courage ne faiblit pas un seul instant; personne autre que sa sœur Céleste ne la remplaçait auprès de la malade, elle veillait régulièrement une nuit et non l'autre et encore, dans ce dernier cas, ne se livrait-elle au repos qu'après avoir disposé elle-même tout ce qui pouvait être nécessaire. Au commencement d'octobre, le mal empira beaucoup, le danger devint réel, la famille fut en proie au plus violent chagrin. Bientôt il n'y eut plus d'espoir ; la malade elle-même sentait la vie lui échapper, et parlant de la mort avec le calme et la résignation d'une âme qui a vécu chrétiennement, elle promenait parfois un regard languissant sur ses enfants réunis et l'arrêtant sur Elise avec tristesse, elle semblait lui dire en lui montrant sa sœur : *Ne la laisse pas*, puis attirant Céleste près d'elle : « L'avenir de tous mes enfants est fixé, lui disait-elle, ta sœur sera religieuse, mais toi ? » Et la pauvre mère douloureusement émue se taisait, elle regrettait la vie pour celle qu'elle y laissait jeune encore, sans expérience : Céleste n'avait pas 19 ans. Oh ! si l'avenir pouvait t'être dévoilé, bonne et pieuse mère, il t'en coûterait moins de mourir ; tes prières, celles d'Elise seront exaucées et le Dieu que tu as servi si fidèlement dans ses pauvres durant ta vie, te récompensera d'abord dès ici-bas dans tes enfants, tes deux filles quitteront le monde et seront religieuses un jour.

La malade reçut les sacrements avec une

piété édifiante. Le 12 octobre, elle fut plus mal. A ses souffrances atroces succéda enfin un moment de calme ; elle parut alors se ranimer, sourit à tous, leur dit adieu d'une voix éteinte, recommanda ses pauvres et sa tête s'affaissant sur l'oreiller, elle expira doucement au milieu des siens en prières. Un silence de mort régna d'abord dans la chambre, puis des sanglots étouffés retentirent de toutes parts. Les larmes d'Elise coulaient abondantes sur le front sans vie de sa mère qu'elle couvrait de baisers. Mais grande et forte dans son amère douleur, elle sut la maîtriser et répandre autour d'elle les consolations dont son âme avait si fort besoin! Son cœur était brisé, mais elle resta ferme ; s'oubliant comme toujours, elle s'occupa de la souffrance de tous pour l'adoucir, elle seule en avait le droit; l'ascendant de sa vertu était tel qu'elle sut faire descendre l'espérance dans ces cœurs chéris et brisés. Son angoisse profonde, elle l'unit à celle de Marie sur le Calvaire ; comme cette divine Mère, elle resta debout quand la croix s'implanta si douloureusement dans son cœur, et elle offrit à Dieu, dans ce moment d'inénarrable souffrance, le sacrifice de sa plus chère affection. Forte de la force d'en haut, elle va vers Céleste qui sanglotait d'une façon déchirante et l'entourant de ses bras : « Je serai ta mère, lui dit-elle d'une voix tremblante d'émotion, je te le promets ! »

Quand la triste nouvelle fut connue, les parents, les amis vinrent en foule offrir leurs consolations à la famille affligée. M$^{me}$ Laure était généralement connue, aimée et estimée. Les pauvres qu'elle avait toujours secourus et qui l'appelaient leur mère vinrent nombreux ; comme on ne voulait pas les laisser entrer dans la chambre, ils stationnaient dans l'escalier attendant qu'on voulût bien leur laisser voir encore une fois celle qui emportait au ciel toutes leurs bénédictions, tous leurs regrets. Elise se présente : « Venez, mes bons amis, venez, leur dit-elle. » Tous se précipitent dans l'appartement et veulent faire toucher quelque chose à la défunte ; le lendemain, tous l'accompagnaient avec larmes à sa dernière demeure !

Ce fait demanderait sans doute plus de développement, plus de détails ; mais notre petit cadre ne nous permet point de les donner, qu'il nous suffise de reproduire ici les quelques lignes que nous écrit, au sujet de la pieuse mère d'Elise, une dame amie de la famille.

« Je n'ai connu la famille Laure qu'à ma
« sortie de pension. Vous dire la bonté, la
« piété, la générosité de tous, de M$^{me}$ Laure
« surtout, est chose difficile. L'année dernière
« (1869), dans un voyage que je fis aux salins
« d'Hyères où M. Laure était encore directeur
« en 1846, j'eus occasion de parler d'eux avec
« un vieillard à qui je demandai s'il avait con-
« nu la famille Laure. — *M$^{me}$ Laure, me dit-il,*
« *qui ne la connaissait pas ! Quand un ouvrier*
« *avait besoin de quelque chose, c'est à sa porte*
« *qu'on allait, si un accident arrivait, que quel-*
« *qu'un fût blessé, on n'avait pas besoin de de-*
« *mander où il fallait le porter : il y en a eu mé-*

« me un qui était blessé au bras, elle l'a soigné
« pendant huit jours sur le canapé du salon. On
« l'aimait bien, allez ! Et personne n'aurait voulu
« lui faire de la peine. Elle ne pouvait pas enten-
« dre jurer, et si quelqu'un le faisait, il y en avait
« toujours un pour lui dire : tais-toi, M$^{me}$ Laure
« est là. D'ailleurs, en faisant l'éloge de la fa-
« mille, vous serez toujours au-dessous de la
« vérité ; ce n'est pas moi qui les aime qui le
« dis, mais l'opinion publique. »

Après de tels témoignages, pouvons-nous être étonnés de la tendre charité d'Elise et de tous les enfants de M$^{me}$ Laure pour les malheureux !

## CHAPITRE VII.

Amour d'Elise pour les enfants pauvres. — Mariage d'Adolphe. — Maladie de Céleste.

Un vide s'était fait dans cette famille si unie, il pesait au cœur de tous. A quelque âge qu'on perde une mère, le coup est toujours bien affreux et se fait douloureusement sentir! La vraie douleur n'est jamais égoïste, elle force le cœur à se répandre au-dehors en flots de tendresse et d'amour; on comprend mieux la souffrance des autres quand on souffre soi-même et notre premier besoin, notre première distraction, c'est de la soulager.

Le grand cœur d'Elise s'était agrandi plus encore au contact de la souffrance; toute petite elle aimait les enfants pauvres et maintenant elle voulait soulager leur infortune à tout prix.

« Aimons les pauvres comme elle les a aimés,

disait-elle en parlant de sa mère. Envoyons devant nous nos bons anges, chargés de nos bonnes œuvres, ils nous ouvriront le ciel. »

« Chaque fois que nous sortions, dit la
« sœur aînée, elle accostait tous les petits
« pauvres que nous rencontrions, s'informait
« d'eux, s'ils savaient faire leurs prières, au
« moins le signe de la croix, et elle le leur fai-
« sait faire pour s'en assurer ; souvent elle en
« ramenait à la maison, leur faisait un peu le
« catéchisme et ne les renvoyait jamais sans
« une petite aumône. Une fois entre autres,
« elle en a amené un que nous avons gardé
« plusieurs jours à la maison et ne l'a renvoyé
« qu'après l'avoir habillé à neuf de la tête aux
« pieds. C'est ce qui fit dire à un de ses ne-
« veux, bien jeune alors : Ma tante Elise sera
« un jour sœur de charité ; cependant elle n'y
« pensait pas encore, tout son désir était de
« retourner au couvent où elle avait été
« élevée. »

Précisément à cette époque commençait à se

répandre dans chaque ville l'œuvre des jeunes économes pour le patronage des filles pauvres après leur première communion. Le zèle pieux et éclairé de M. le Curé d'Hyères la lui fit bientôt établir dans sa paroisse. Elise en fit de suite partie. « Dès que cette œuvre fut organisée, » nous dit son directeur, « M<sup>lle</sup> Elise s'y dévoua
« avec un zèle merveilleux qui stimulait celui
« de toutes ses co-associées, et Dieu seul sait
« tout le bien qu'elle fit à ses jeunes proté-
« gées qu'elle ne perdait jamais de vue et
« qu'elle aimait comme une mère. »

On lui confiait de préférence les petites filles les moins intelligentes, celles dont l'extérieur était le moins agréable et quelquefois même repoussant. Elle les recevait d'un air gracieux, toujours avec un doux sourire, et mettait tous ses soins, toute sa bonne volonté à les former à l'amour de Dieu, au travail, elle s'en faisait vite aimer et tout heureuse alors, elle renvoyait à Dieu la gloire que seul il méritait.

Elise, après la mort de M<sup>me</sup> Laure, s'était

dévouée tout entière à son père dont elle devint la plus grande consolation : l'entourer de soins tendres et délicats, adoucir autant qu'il lui était possible la peine de son cœur, combler le vide que la mort y avait si cruellement creusé, tout cela était pour elle une tâche bien douce qu'elle remplissait avec bonheur. Les joies de la famille étaient les seules qu'Elise ressentît et goutât. L'intimité de tous les membres était si douce, si bien établie que leur seul bonheur à tous était de se trouver réunis. Elise et Céleste trouvaient leurs plus agréables délassements dans la visite des pauvres ou quelques promenades à la campagne.

Les soirées d'été se passaient sur la terrasse de la maison où se trouvaient un canapé et quelques chaises. M. Laure ne quittait point ses filles, après une journée de chaleur accablante, ils aimaient à respirer ensemble la brise de mer tout embaumée de l'arôme des fleurs ; alors que devant eux se déroulait belle, calme et majestueuse la Méditerranée dont la vaste étendue d'eau semblait se confondre au loin avec la voûte azurée toute parsemée d'étoiles d'or reflétant dans l'onde leur clarté scintillante mêlée à la pâle et douce lueur de la reine des nuits prêtant, elle aussi, son charme à ce poétique tableau. On rêvait doucement ainsi à l'Etre suprême, créateur puissant de ces riches merveilles ; une conversation intime s'établissait, des réflexions étaient émises, sagement discutées, puis la voix fraîche des jeunes filles chantait un hymne à l'Eternel ou à la Reine des Anges et l'heureux père souriant avec amour à ses enfants faisait recommencer à plusieurs reprises ce chant qu'il aimait.

D'autres fois, la scène revêtait un autre caractère : c'étaient les évolutions de l'escadre sur la rade dont on était témoin ; puis les navires illuminés éclairant de leurs mille feux les îles voisines, produisaient dans l'eau un effet magique rendu plus saisissant encore par les joyeuses et entraînantes fanfares, c'était encore la musique militaire faisant entendre au loin dans le calme du soir ses brillants accords, tout cela portait à Dieu le cœur des deux jeunes filles. Leur vie s'écoulait ainsi douce, calme et heureuse; mais Elise nourrissait un désir : celui de *la vie religieuse*, elle voulait quitter le monde, et soupirait après le cloître. Mais pouvait-elle laisser sitôt ceux que la mort venait de plonger dans un deuil si cruel! On avait encore besoin d'elle à la maison; n'était-ce pas elle qui, investie de la confiance entière de M. Laure, veillait et présidait à tout; pouvait-elle le quitter ce bon père qui, connaissant son vif désir, lui disait parfois bien tristement : « Oh! non, ma fille, pas encore, » et Elise attendait! La pensée d'Adolphe venait aussi la torturer, elle aurait tant aimé le laisser établi; quand, rêvant à cette séparation, son courage faiblissait, elle allait aux pieds de Marie renouveler son sacrifice et se relevait plus forte. Dieu ne se laisse jamais vaincre en générosité, il ménagea si bien toutes choses qu'Elise n'eut plus à redouter pour son frère, l'isolement. Déjà parvenu au grade de colonel, Adolphe, à cette époque, se maria à La Rochelle avec M^lle Marie Brachet, âgée à peine de dix-neuf ans.

L'arrivée de la jeune femme dans la famille fut une joie pour tous; il tardait à Elise de la connaître. Elle l'accueillit avec sa bonté d'âme ordinaire et, appréciant bientôt les heureuses qualités dont elle était douée, elle fut pour elle une mère attentive, une bonne et douce amie. Lorsque Adolphe était obligé de s'absenter, « Je te la recommande, lui disait-il, sois pour elle ce que tu es pour moi » et la jeune femme devenait l'objet des attentions les plus délicates; entourée, choyée par Elise, elle l'aima bientôt de toute son âme : « Elise est une sainte, disait-elle souvent, je ne m'étonne point de la douce sympathie qu'elle inspire à tous. »

Dieu bénit cette union par la naissance d'une petite fille. Elise tint l'enfant sur les fonds du baptême et la nomma Thérèse. Ce nom de doux augure avait été choisi par la pieuse marraine. « Comme son illustre patronne, elle aimera Dieu de tout son cœur, disait-elle. Oh! puisse son âme rester pure, et se conserver ainsi toujours belle devant Dieu. » Elise soignait l'enfant comme si elle eût été sa mère. Quels saints rêves auprès de ce gracieux petit berceau ! Quel doux avenir elle faisait à ce petit ange !.... Bientôt l'enfant lui sourit et tendit vers elle ses petits bras ; il en était ainsi chaque fois qu'elle voulait une chose. Elise alors séchait avec ses baisers ses grosses petites larmes et apaisait ses cris en la berçant doucement. « Oh ! je l'aime bien ta petite Thérèse, disait-elle à Adolphe ; elle est aussi mon enfant. » Sa conscience, excessivement délicate, lui reprochait parfois cet amour comme un vol fait à Dieu. Alors à genoux devant son crucifix, elle disait : « Mon Dieu, je vous en fais le sacrifice. » Ce lien si pur et si doux qui l'attachait si fortement à cette frêle créature, Dieu devait le briser avant l'entrée d'Elise au couvent. L'enfant n'effleura point de ses pieds délicats les sentiers fangeux de la terre ; jaloux de son innocence, les anges, ses frères, portèrent bien vite son âme au ciel.

Comme au jour de son baptême, Thérèse, revêtue de légers vêtements blancs, reposa dans son berceau orné de fleurs..... Elise veilla auprès de ces restes chéris, et lorsqu'ils lui furent enlevés, son cœur se brisa et ses larmes coulèrent ; mais généreuse, forte, remplie de foi, d'espérance, le soir de ce même jour elle invoqua dans ses prières le gracieux petit ange qui, dédaignant la terre, avait sitôt pris place au paradis : Thérèse avait vécu 11 mois.

Il semblait à Elise que sa mission dans la maison paternelle était terminée. Son père, entouré des siens, pouvait se passer de ses soins, et plus que jamais elle songea au cloître. Mais cette vocation, inspirée par Marie et conservée sous son regard maternel, devait être soumise à une rude épreuve. Céleste tomba malade ; son état réclama les soins les plus attentifs, les plus assidus, tant les souffrances étaient fortes. Le courage d'Elise en cette pénible circonstance fut fort comme toujours ; elle ne quitta plus sa sœur et la soigna avec un dévouement sans bornes et de tous les instants. N'avait-elle pas promis d'être sa mère, et n'accomplissait-elle pas ainsi un devoir devenu sacré. Oh ! elle tenait fidèlement cette promesse faite et reçue à un lit de mort. Elle se dépensa tout entière auprès de sa sœur. Cette pâle et jeune figure, dont les traits étirés accusaient la souffrance, faisait mal à Elise. « Mes prières et mes soins te rendront la santé, disait elle à Céleste en l'entourant de ses bras. Oh ! crois-le bien, l'affection n'est jamais tout à fait impuissante, unie à la confiance elle obtient tout du ciel. » Et cette profonde tendresse s'accrut encore de toute la peine que la malade lui donnait. Il en est ainsi ici-bas, le plaisir n'attache pas comme la douleur. Cette dernière crée dans l'âme un lien qui ne se rompt jamais... Toujours assise auprès de la jeune malade, elle la quittait peu, et par ses douces plaisanteries ramenait quelquefois le sourire sur les lèvres décolorées de Céleste ; puis elle disposait tout afin qu'elle pût doucement s'endormir. Plongée alors dans une demi-obscurité et se trouvant un peu seule avec Dieu, elle rêvait de l'avenir et songeait au passé : elle revoyait son couvent, ses maîtresses, la vie sainte et mortifiée de ses dernières ; c'était tantôt la douce psalmodie du chœur qu'elle entendait, puis les pieux chants des enfants de Marie, tout lui revenait à l'âme agréable et doux, mais enveloppé de tristesse... N'osant pas alors sonder l'avenir, son rêve l'arrêtait, ses larmes coulaient, puis de son cœur s'échappait une fervente prière, un acte d'abandon.

## CHAPITRE VIII.

Rapports d'Elise avec Mère S<sup>t</sup> Gabriel.

Ce désir de la vie religieuse, si vif dans le cœur d'Elise, répandait dans son âme une tristesse qu'elle cachait soigneusement et dont elle ne disait la peine qu'à Dieu. Elle se plaignait quelquefois à son Jésus. « O mon Dieu, lui disait-elle, vous m'attirez à vous, votre voix m'appelle, je le sais, je le sens; mais alors pourquoi me mettre presque dans l'impossibilité de vous obéir : toujours des obstacles et ainsi ma vie s'écoule loin de la chère solitude vers laquelle j'aspire depuis déjà si longtemps. » Et son cœur était cruellement torturé, et souvent même la prière ne calmait point son angoisse.

Les douleurs de la jeune malade se calmèrent un peu, elle fut moins fatiguée; un mieux se fit même sentir; mais elle était faible, languissante et sans forces. Elise put alors assister tous les matins au saint sacrifice de la messe; la paroisse étant un peu éloignée elle allait chaque jour à la petite chapelle de l'hôpital desservi par les Religieuses Hospitalières de la Congrégation de Saint-Thomas-de-Villeneuve dont la maison-mère était à Aix. La Mère S<sup>t</sup> Gabriel alors supérieure de la petite Communauté d'Hyères était très-bien avec M. Laure, qu'elle regardait à justes titres, à cause de ses incessantes bontés, comme un des bienfaiteurs de l'hospice, et qu'elle estimait aussi sous tous les rapports. Cette bonne Mère fut remplie de prévenances pour Elise qu'elle avait vue quelquefois l'été dans ses promenades aux Salins où habitait alors la famille Laure. La piété de la jeune personne lui était connue; mais elle ne savait pas encore tout le bon de son âme. Chaque jour elle s'informait auprès d'elle, avec intérêt, de la malade, lui disait quelques douces paroles et ne la quittait jamais sans lui promettre ses prières. Elise, sensible au moindre égard, éprouva bientôt de la sympathie pour la bonne Supérieure et la remerciait avec reconnaissance de tout le bon intérêt qu'elle voulait bien lui porter. Mais toute sympathie vraie devient affection et n'existe guère sans confiance ; cette petite fleur d'une délicatesse extrême s'épanouit d'ordinaire timidement et dans l'ombre au doux contact de la bonté ; les parfums suaves et purs qu'elle exhale, le cœur les respire avec délice et puise par eux, souvent, une nouvelle vie.

Elise souffrait dans son âme et d'autant plus étrangement qu'elle souffrait à l'insu de tous. Un jour, elle laissa tomber de son cœur un mot, mais ce seul mot dévoila tout à la religieuse. Heureuse d'avoir été comprise, Elise parla avec plus d'abandon et confia sa peine à celle qui lui paraissait si propre à l'adoucir.

« Le bon Dieu arrangera toute chose, lui disait Mère St Gabriel, votre sœur guérira et vous irez rejoindre vos maîtresses : la douce vie du cloître sera la vôtre. » Le soir de ce même jour une neuvaine fut commencée à l'hôpital pour la guérison de Céleste et le mieux de la malade se soutint.

M. Laure avait formellement déclaré à sa fille qu'il ne consentirait point à son entrée en religion tant que Céleste serait malade. Elise se soumit, elle comprenait fort bien de telles raisons et n'aurait pas voulu, elle aussi, laisser la pauvre malade : elle savait trop ce qu'elle lui était.

Adolphe alors à la maison ne connaissait pas la souffrance de celle qu'il aimait toujours si sincèrement ; pour la distraire un peu il l'accompagnait presque tous les jours, le matin ou l'après-midi, à l'hôpital chez les religieuses qui dirigeaient aussi une petite salle d'asile peu éloignée de l'hospice. Elise la visitait souvent et toujours avec plaisir ; la vue de ces petits enfants lui faisait du bien ; elle leur apportait tantôt une chose, tantôt une autre, et s'amusait beaucoup de leur avidité à croquer les dragées qu'elle donnait aux plus sages ; elle enviait le sort des religieuses chargées du soin de ces chers petits enfants. Que de bien on peut faire ici, disait-elle à Adolphe, et combien cette tâche est douce ; ces bons petits portent à Dieu, ils sont si purs !..... Et pour plaire à sa petite sœur, comme il continuait de l'appeler, le lendemain Adolphe se faisait une joie de la ramener à l'asile.

Céleste était mieux ; mais tout faisait pressentir que sa santé serait toujours frêle et délicate. M. Laure dit alors à Elise qu'il consentirait à ses désirs de vie religieuse dans le cas où elle se déciderait à entrer chez les Hospitalières de Saint-Thomas. Le bon père dans son aveugle tendresse pour sa fille ne voyait que la petite communauté d'Hyères ; il ne songeait nullement que son enfant ne pourrait y rester toujours. Le présent était tout pour lui. « Nous te verrons tous les jours, disait-il à Elise, Céleste ne sera pas entièrement privée de tes soins, de tes mille petites attentions, et tu seras heureuse sans nous imposer un sacrifice au-dessus de nos forces. A cette déclaration inattendue, Elise ne put répondre un seul mot et se retirant dans sa chambre, à genoux aux pieds de sa bonne Mère, elle pleura, pleura beaucoup. « O mon Dieu, disait-elle, faut-il voir ainsi s'anéantir à jamais ma plus douce, ma plus chère espérance, Marie, bonne et tendre Mère, décidez vous-même pour votre enfant. » Elle pria beaucoup, joignit le sacrifice à la prière, fit le mois de Marie à cette intention, redoublant de ferveur dans tous ses petits exercices de piété. Le combat fut long, difficile, parfois décourageant. A la fin du mois de mai elle ressentit plus de calme et se soumit, non pas sans violence intérieure, à la volonté paternelle. « Il paraît que Dieu me veut Hospitalière, disait-elle alors quelquefois, eh bien ! soit, mon Dieu, pourvu que je sois toute à vous. »

Depuis cette époque, ses visites aux Religieuses devinrent fréquentes et elle s'attacha

plus encore aux enfants de l'asile. Mais ne voulant rester étrangère à aucune des œuvres de l'institut qu'elle devait embrasser, elle se rendait à l'hôpital tous les dimanches et jours de fête dans l'intervalle des Offices : revêtant alors le tablier et les manches des sœurs de salle, elle servait les pauvres avec une joie indicible et une modestie charmante qui lui gagnait tous les cœurs. Simple et bonne, elle avait pour chacun un sourire, une douce parole. Cette extrême douceur qui la caractérisait prenait sa source dans sa grande humilité. Ecoutons encore son pieux Directeur faire l'éloge de cette vertu dans Elise : « L'humilité n'est guère la
» vertu de prédilection des jeunes personnes,
» elle le fut pour notre pieuse fille ; elle possé-
» dait cette reine des vertus à un degré éton-
» nant ; malgré toutes les qualités que l'on
» apercevait en elle, on ne la vit jamais se
» prévaloir de rien, elle ne montrait de la
» peine que lorsqu'on voulait faire cas d'elle,
» et elle réalisait admirablement la recomman-

» dation de l'auteur de l'Imitation : *Aimez à*
» *être ignoré et compté pour rien.* »

Tout était donc bien décidé au sujet de la vocation d'Elise, mais elle dut condescendre au désir de son père et attendre la fin de l'année pour entrer au couvent. « D'ici là, disait M. Laure, la santé de Céleste nous donnera moins de craintes. »

L'année allait bientôt expirer, et la pauvre malade souffrait encore..... Les perplexités d'Elise recommencèrent, son cœur fut de nouveau brisé..... La grâce parlait fortement à son âme : c'était le moment d'agir et de briser à tout jamais les liens si doux de la famille ; sa peine était grande, mais elle ne savait pas reculer devant le sacrifice ; à bout de forces, elle consulte son Directeur : celui-ci prudent et sage lui dit de s'en remettre à la décision de la malade que l'on devait avant tout consulter, et se charge de la délicate et difficile mission..... Céleste doucement préparée consent au départ de sa sœur, ne voulant point, dit-elle, être un obstacle à son bonheur, et l'entrée d'Elise au couvent est décidée. On s'occupe des petits préparatifs ; les membres de la famille sont plongés dans la tristesse. Adolphe est sombre. Elise sent la douleur de tous, mais ne recule point. Dieu a parlé : elle obéira !...

Une lettre des premiers supérieurs d'Aix autorise Mère S$^t$ Gabriel à recevoir dans sa petite communauté la nouvelle postulante. Elise allait enfin être à Dieu pour toujours !...

## CHAPITRE IX.

**Entrée d'Elise à l'Hôpital d'Hyères.
Sa vie de Postulante.**

Ce fut le 8 décembre de l'année 1852, jour de l'Immaculée Conception de Marie, qu'Elise, âgée de 24 ans, entra chez les Religieuses Hospitalières de Saint-Thomas-de-Villeneuve. Pouvait-elle choisir une plus douce fête, un temps plus heureux ! Elle venait placer sous la protection de la Reine des Vierges, la vie de vierge qu'elle embrassait, et venait aussi s'offrir au berceau de Jésus. Quelques jours à peine la séparaient de la gracieuse fête de Noël ! Dix-huit siècles auparavant, par une froide nuit d'hiver, l'Enfant Divin naissait à Bethléem d'une humble et pure Vierge et appelait à sa pauvre crèche les cœurs simples et pieux des bergers et des rois. Nul ne vint à lui les mains vides : les pauvres offrandes des bergers confondues avec les riches présents des mages réjouirent également le cœur de l'Enfant-Dieu. Elise appelée par Marie vient à son Dieu avec l'empressement des bergers et des rois. Elle apporte des présents ; mais plus riche que celle des sages de l'Orient, plus pure que celle des pasteurs de Bethléem, son offrande devait être plus agréable au cœur de Celui qui, couché sur la paille de l'étable, nous dit si éloquemment par ses vagissements plaintifs : « *Venez tous à moi* » et donnez-vous tout entier à Celui qui n'a pas craint de se faire petit pour venir jusqu'à vous. Elise apportait à Jésus non-seuseulement quelques biens périssables de la terre, mais tout son cœur, toute son âme, tout son amour ! Elise venait à Dieu conduite par Marie.

Après avoir embrassé Mère St Gabriel, elle se dirige avec elle vers la chapelle : « Entrons, dit-elle, que Jésus le bon Maître bénisse ce premier pas. » Et humblement prosternée devant le Dieu-Hostie elle lui fait l'entière donation d'elle-même, et lui sacrifie avec bonheur toutes ses affections, toutes ses espérances de la terre ; puis réunie aux bonnes religieuses, ses sœurs, elle voulut suivre ce jour même quelques-uns des exercices de la Communauté.

Le soir de cette première journée de postulat Elise était triste, ou mieux elle ne put se rendre compte de l'état de son cœur, de ses impressions, des mille sentiments qui s'y pressaient. Le cloître auquel elle avait renoncé, la maison paternelle, Adolphe, Céleste, tous les siens, tout ce qu'elle quittait mis en face d'un avenir inconnu l'impressionnait péniblement. « Mon Dieu, dit-elle, à genoux aux pieds de son Crucifix avant de se livrer au repos, Mon Dieu ! il en est ainsi de tout sur la terre, faut-il vivement désirer un bien et, l'ayant obtenu de votre main libérale, faut-il encore que notre pauvre cœur ne soit pas satisfait et soupire ici-bas après une félicité qu'on ne trouve qu'au

Ciel. Le bonheur n'est pas de la terre, il est cependant promis à l'âme religieuse par Celui qui a dit : « *Vous aurez le centuple en ce monde,* » *et la gloire éternelle dans l'autre.* » Ce bonheur je le goûterai, un jour, oui, mon Dieu, je l'espère, mais ce sera lorsque je connaîtrai mieux cette vie *dont il n'est pas donné à tous de savourer la douceur.* » Quelques larmes coulèrent encore le lendemain matin pendant la S<sup>te</sup> Messe : elles n'étaient point l'expression d'un regret, non, mais celle du brisement de la pauvre nature souffrant encore de la séparation de la veille. Ces larmes, Marie les recueillit pour les répandre en grâces abondantes sur Elise et sur les siens; c'est ainsi que fait toujours la *Consolatrice des affligés;* le cœur ne souffre jamais en vain sous son regard de mère, elle a un baume pour toutes les blessures et des faveurs de choix pour ses élus. Cette tristesse intérieure Dieu seul la connut.... elle se dissipa bientôt.

Il est d'usage dans la Congrégation des Religieuses Hospitalières de Saint-Thomas-de-Villeneuve de n'admettre les postulantes à tous les exercices de Communauté prescrits par la règle, qu'après la petite cérémonie de la prise du crêpon. Voici comment elle a lieu : huit jours après l'entrée de la prétendante, les religieuses se rendent au chœur, on allume les cierges et, après le chant du *Veni Creator,* la postulante se met à genoux devant la Supérieure et reçoit de sa main un petit Crucifix bénit qu'elle baise respectueusement, puis on le lui passe au cou, et on pose sur son petit bonnet blanc un autre bonnet de tulle noir appelé *crépon :* il est plus ample que le premier, l'encadre entièrement et laisse, par sa forme unie, la tête tout-à-fait lisse ; puis elle reçoit de la Supérieure et des sœurs le baiser de paix et dès ce jour est considérée comme faisant partie de la famille. Aujourd'hui le bonnet des postulantes est noir, elles ne portent point de crêpon ; elles ne reçoivent plus que la petite croix, mais le nom de *prise du crépon* est resté à la petite cérémonie.

Elise reçut le crêpon et fut admise à tout ; grande fut sa joie ! Ce premier pas dans la vie religieuse produit toujours une forte impression ; on ne le fait jamais sans verser quelques douces larmes, sans prier de tout son cœur Celui qui nous appelle de nous garder toujours.

Dès ce jour donc Elise eut son petit emploi : on la plaça à l'asile. Revêtue de son costume noir de postulante, elle parut au milieu de ces chers petits enfants qu'elle connaissait et dont elle aimait si fort la simplicité, l'innocence. Bientôt au courant de la marche et des différents exercices, elle put, munie de l'indispensable claquoir, faire exécuter aux enfants les divers mouvements voulus. Cet emploi lui plaisait sous tous les rapports. Le matin avant de commencer la prière, elle disait toujours, comme il est d'usage, quelques mots du bon Dieu à ses chers petits ; sa voix alors était toujours un peu émue, tant elle sentait vivement ce qu'elle voulait inspirer à ces jeunes cœurs. Quand les enfants avaient joint comme il faut leurs petites mains, elles les regardait un instant avec un doux sourire : « Bien, mes amis, leur disait-elle, bien, prions ensemble le bon petit Jésus qui vous aime d'une tendresse toute particulière et demandez-lui d'être bien, bien sages aujourd'hui. » Nullement rebutée, elle les appropriait souvent elle-même et les entourait de mille petits soins. Il s'en trouvait de dégoûtants quelquefois ; que faisait-elle alors ? « Pauvres petits, s'écriait-elle, eh bien vous allez voir comme ils vont être gentils ; » et un moment après elle les avait si bien lavés, arrangés, qu'ils avaient changés et de mine et d'aspect. Elle disait à Céleste, qu'elle allait voir tous les jours : « Oh ! je suis bien heureuse, j'aime tous mes petits enfants, ils sont si purs, si doux ; ils prient si bien le bon Dieu ! *on sent bon près d'eux.* » C'était ainsi que plus tard encore elle s'exprimait quand elle voulait parler de l'aimable simplicité ou de l'innocence de quelqu'un. Elle avait raison : du cœur de ces petits anges de la terre s'exhale un parfum d'innocence que les anges du Ciel, leurs conducteurs ici-bas, respirent avec délice et joie !

Les visites quotidiennes d'Elise dans sa famille durèrent tant que Céleste resta malade; dès qu'elle fut mieux, elle vint elle-même à l'hôpital avec les autres membres de la famille voir sa sœur, si heureuse de sa nouvelle vie. Adolphe seul refusait d'y venir; il ne pouvait se résoudre à faire le sacrifice de celle qu'il aimait toujours si profondément, si sincèrement : « Sa vue, disait-il, me fait mal. » Enfin après des instances mille fois réitérées de la part d'Elise, il consent un jour à se rendre à l'hospice. A la vue de sa sœur il détourne la tête d'abord, puis il lui ouvre ses bras et la presse sur son cœur. « Je suis heureuse, dit Elise, oh! bien heureuse; » il la regarde alors, essuie furtivement une larme et dit tristement: « Tu ne nous reviendras plus. » Adolphe avait raison; Elise ne devait plus regarder en arrière après avoir mis la main à la charrue, mais suivre avec courage la vocation sainte qu'elle avait embrassée.

M. Laure se rendait presque tous les jours à l'hôpital ; excessivement bon pour Mère S$^t$ Gabriel à laquelle il avait offert tous ses services, ainsi que pour les autres sœurs ; nulle d'elles n'était gênée avec lui, et depuis l'entrée d'Elise toutes l'appelaient du nom de père : titre que M. Laure acceptait toujours en souriant agréablement à celles qui le lui donnaient.

Douce, prévenante, obéissante et bonne, Elise gagna bientôt l'affection de ses sœurs qu'elle édifiait par sa tendre piété ; toutes pressentirent dès lors ce qu'elle serait un jour pour la Congrégation ! Elle ne faisait jamais la plus petite chose sans permission, et recevait toujours gracieusement les petites observations qu'on pouvait lui faire sur certains riens qu'elle ignorait encore. Avant l'arrivée des enfants elle avait son petit emploi dans la maison, elle s'en acquittait de son mieux apportant tous ses soins à le bien faire. Après avoir balayé de son mieux, enlevé la poussière et mis tout en ordre, elle disait son *Veni Sancte,* renouvelait ses intentions pour la journée et commençait ainsi sous le regard de Jésus et celui de sa douce Mère à s'occuper de ces chers enfants jusqu'à l'heure de midi. Libre alors de son temps, elle allait à la récréation ; sa douce gaîté plaisait à toutes ses sœurs, jamais on ne la vit inquiète ni morose.

On lisait alors en communauté la vie du père Marie-Ephrem, mort à la Trappe-d'Aiguebelle en 1859, à l'âge de 25 ans. Cette vie si pure et si sainte fit du bien à toutes les religieuses; Elise la trouvait belle et disait à sa Supérieure : « O ma Mère, que le père Marie-Ephrem était heureux d'aimer tant le bon Dieu ; quand donc l'aimerai-je ainsi, moi. » Mère S$^t$ Gabriel souriait et l'encourageait en lui répétant ces mots d'un grand saint : « *Pourquoi ne pourrais-je pas ce que tant d'autres ont pu.* » Oh! oui, comme les saints, dont nous lisons et admirons la vie, nous pouvons aimer Dieu et le servir fidèlement : comme eux, nous avons la grâce, nous n'avons qu'à vouloir sérieusement.

Mère S$^t$ Gabriel voua bientôt à Elise une vive et tendre affection ; tout lui plaisait en elle, sa piété édifiante, sa douceur inaltérable, sa tendre charité : « J'ai pensé à une chose, lui dit-elle un jour, quand vous irez au Noviciat pour prendre le saint habit, vous demanderez à notre Mère Générale le nom que je vous ai choisi : devinez lequel ? Eh bien, c'est celui de l'aimable Trappiste dont vous admirez si fort les vertus. Je vous le donne pour protecteur et désire vivement que vous portiez son nom. Elise l'accepta avec reconnaissance.

Déjà on avait écrit d'Aix afin qu'Elise se rendît au Noviciat pour se préparer à sa prise d'habit. Cette nouvelle peina M. Laure qui ne songeait point à ce départ. Habitué à voir sa fille tous les jours, cette séparation devait lui être plus cruelle : « J'aurais été si heureux, disait-il, de pouvoir assister à sa prise d'habit, c'eût été pour moi une consolation, il faut que j'en sois privé ; je ne pourrai me rendre à Aix pour cette cérémonie, à mon âge on voyage difficilement et on ne se déplace jamais sans peine et sans donner beaucoup d'embarras. Ces raisons étaient justes, elles furent goûtées par Mère S¹ Gabriel qui se hâta de les faire connaître à la Supérieure Générale. Cette dernière, par considération pour M. Laure qu'elle regardait comme l'ami et le bienfaiteur de sa petite communauté d'Hyères, voulut bien accorder que la postulante prît à Hyères même le saint habit, faveur inespérée et qu'on n'eût osé demander. Les bons renseignements donnés sur la conduite de la postulante furent pour beaucoup dans la décision des premiers supérieurs. Cette nouvelle, transmise aussitôt à la famille Laure, y cause une vive joie.

## CHAPITRE X.

Prise d'habit d'Elise. — Son départ pour Aix.

On était alors au commencement du mois de mars de l'année 1853. La campagne était magnifique. Partout, dans les champs et dans les jardins, des touffes de violettes exhalant leur délicieux parfum. Sous le doux et chaud climat d'Hyères, le mois de S. Joseph avait, comme celui de Marie, ses vases de camélias, d'orangers en fleurs, de lilas, de roses, etc. Un petit autel avait été dressé dans la salle de communauté, et chaque soir les Sœurs, réunies aux pieds de la statue du saint, invoquaient par des chants et des prières ce protecteur des maisons religieuses que Dieu a fait si puissant et si grand dans son ciel.

Mère S. Gabriel promit à Elise qu'on la revêtirait du saint habit le jour de la fête de S.

Joseph. Cette nouvelle la remplit de joie. C'était, en effet, choisir un bien beau jour que celui du 19 mars ! Bien des grâces devaient être accordées à la terre, ce jour-là, par l'intercession de celui qui fut ici - bas le gardien d'une vierge pure et le protecteur d'un Dieu !

Notre pieuse postulante, préparée par les soins de son digne et vertueux Directeur, fit une petite retraite de trois à quatre jours. Sa régularité pendant ce temps fut exemplaire et sa ferveur vraiment angélique ! Suivant l'usage établi dans la Congrégation, le dernier jour de la retraite, elle demanda pardon à ses sœurs et fit devant toutes, avec beaucoup d'humilité, la pénitence imposée par la Supérieure.

La veille du jour fixé pour la cérémonie, la petite chapelle de l'Hôpital était décorée et ornée avec un soin tout particulier. Le grand tapis du salon de M. Laure couvrait les marches de l'autel et s'étendait dans le sanctuaire où se trouvaient de superbes vases de fleurs qu'il avait aussi envoyés. Le lendemain, la petite cloche carillonnait son joyeux chant de fête et annonçait aux parents et aux amis de la famille la touchante cérémonie dont Elise allait être l'objet. Ils vinrent nombreux ; une vive émotion s'empara de leurs cœurs à la vue d'Elise entrant un cierge à la main, vêtue d'habillements blancs, la tête couverte d'un long voile de tulle. Le saint sacrifice commence, le recueillement le plus profond règne dans le lieu saint. Jésus s'immole sur l'autel : puis le prêtre distribue le pain vivant à la table des anges où se pressent, auprès de l'heureuse vierge, son père, ses sœurs, et quelques pieux amis. La messe terminée, Elise quitte le chœur et reparaît quelques instants après. Mais, ô surprise, quel changement ! Une robe noire de grossière bure a remplacé le gracieux vêtement blanc ; un petit voile de linon placé sur le bandeau virginal, qui a remplacé sur son front la couronne de roses, est la seule parure qu'elle étale aux yeux de tous avec un saint orgueil. Un mouvement se fait parmi les assistants, des sanglots se font entendre. Le vieux père d'Elise pleure l'heureuse fiancée du Christ ! Pauvre père, il pleure cette fille aimée qu'il a donnée si généreusement à son Dieu, il y a quelques mois à peine, et dont le sacrifice lui coûte tant aujourd'hui !

Après le chant du *Veni Creator*, Elise demande d'une voix tremblante d'être admise comme servante des pauvres dans la Congrégation de S. Thomas de Villeneuve, puis se prosterne entièrement sur les dalles du sanctuaire aux pieds du prêtre qui la bénit. Une ceinture de cuir lui est ensuite donnée par la Supérieure, ainsi qu'une petite croix de buis ; puis, la petite pauvre s'avance tenant un tablier blanc qu'elle lui présente ; elle le prend et le baise avec un transport de joie tel que les assistants en sont tous émus. Tout heureuse, elle promet alors à Notre-Seigneur de réaliser généreusement toute sa vie ce que signifiait cette touchante cérémonie. Toutes les filles de S. Thomas qui l'ont vue à l'œuvre, savent si elle y a jamais manqué, et si elle a jamais reculé devant le sacrifice, le travail, quelque pénible qu'il fût, quelques peines qu'il lui causât.

La cérémonie terminée, la nouvelle novice, après avoir reçu le baiser de paix de ses sœurs, fut pressée dans les bras tremblants de son vieux père et de tous les siens ; elle répondit à leurs larmes par des sourires et disait à tous la joie de son âme : « Elle est heureuse, disait M. Laure ; elle se dit heureuse sous ces humbles vêtements ; oh ! je le crois, je le sais ; ne lui laissons pas voir trop de tristesse, mais partageons son bonheur. » Il avait raison. La joie de ceux que nous aimons peut fort bien être pour nous une douleur, mais à cette douleur répond dans le fond de notre âme une pensée consolante et douce qui nous repose de la souffrance même que nous taisons. Il est aussi des instants où cette souffrance devient plus amère, plus intense, plus déchirante peut-être ; alors les larmes brûlent le cœur qui les recèle ; ce n'est pas toujours l'instant du sacrifice, c'est

celui où une circonstance quelconque vient nous
le rendre plus douloureux, plus cruel. Ainsi
en fut-il pour M. Laure le lendemain de la touchante cérémonie de vêture.

Une lettre appelait au plus tôt la Novice à
Aix. Elise fit ses adieux aux siens. Pauvre père!
il pleurait, et d'une voix tremblante il disait à
sa fille : « Je ne te reverrai point, » et ces
paroles retombaient lourdement sur le cœur de
l'intéressante Novice. « Vous me reverrez,
s'écriait-elle, oh! oui, vous me reverrez tous ;
ainsi le voudront Jésus et sa douce Mère ; ainsi
il m'est doux de l'espérer!» Puis s'arrachant avec
courage aux tendres embrassements de tous,
elle partit le cœur gros de larmes, et à moitié
brisé par la douleur des siens. La petite Communauté d'Hyères pleurait aussi ; toutes les
religieuses regrettaient qu'elle leur fût sitôt enlevée ; toutes l'embrassèrent avec la plus tendre
affection : le jour même Elise partit pour Aix.
Voyage bien différent de celui qu'elle fit à 12
ans, alors qu'elle allait pensionnaire au couvent

des religieuses Ursulines. Un chagrin d'enfant remplissait alors tout son petit cœur ; mais ses larmes devaient bientôt se changer en doux et frais sourires. Aujourd'hui, devenue la fiancée du Christ, elle allait avoir à marcher avec Lui dans l'étroit sentier du sacrifice et se façonner dans la vie religieuse à l'exemple de son divin modèle. Elle fut, pendant la route, pensive et recueillie ; l'avenir se déroulait devant elle inconnu ; qu'allait-elle y rencontrer : la douleur, la souffrance, le bonheur, la joie ? elle ne le savait point ; mais ce qu'elle savait certainement, c'est qu'elle y trouverait *Jésus ;* cette pensée consolante la rassurait, et alors sur sa physionomie se peignait une sérénité douce et calme.

Arrivée à Aix, Elise fut immédiatement conduite au Noviciat. Les religieuses la reçurent avec les marques d'une vive affection. Notre Mère Générale l'embrassa affectueusement, la bénit et la confia ensuite à la tendre sollicitude de la Maîtresse des Novices, la bonne Mère S. Jérôme, que la Congrégation entière vénère et aime à cause de ses éminentes vertus : vertus qui ont brillé plus tard dans Elise avec tant d'éclat. Oui, hâtons-nous de le dire, la nouvelle fille que Dieu donnait en ce jour à la pieuse Maîtresse, devait être pour un cœur de mère une des plus douces consolations de sa vie religieuse !

## CHAPITRE XI.

Sœur Marie Ephrem au Noviciat.

Les premiers jours qui suivirent l'arrivée de notre chère Novice à la maison-mère, furent des jours de tristesse et d'ennui. Il fallut faire connaissance avec des sœurs que l'on n'avait jamais vues, se mettre en rapport avec une Mère-Maîtresse que l'on ne connaissait point ; tont cela jetait comme un nuage de tristesse dans l'âme d'Elise, que nous appellerons désormais de son nom de religion, S$^r$ Marie Ephrem. Plusieurs fois, devant Jésus, ses larmes coulèrent, « Rien ne me plaisait, disait-elle souvent, en parlant de cette époque de sa vie religieuse, non, rien, tant j'étais ennuyée, peinée, et parfois même dégoûtée. Ayant rêvé du cloître, il me semblait impossible de pouvoir me faire à un autre genre de vie ; le temps de prolation que j'avais passé à Hyères n'était plus pour moi qu'un songe, et mon cœur ne gardait bien doux que le souvenir des miens, et celui des bontés de la Mère S. Gabriel. » Cette tristesse n'excluait point une amabilité toujours charitable et gracieuse avec ses sœurs à la récréation, mais elle n'échappa point à la Maîtresse des Novices. Habituée à lire dans l'âme des filles que Dieu lui confiait, la bonne Mère S. Jérôme devina bien vite la souffrance de S$^r$ Marie Ephrem. « Je le vois, lui dit-elle, vous souffrez, ma fille, vous payez à votre tour, le tribut que nous payons toutes, plus ou moins, à notre entrée dans la vie religieuse. Ne vous étonnez point, le démon fait des siennes chaque fois qu'une âme se donne tout entière à son Dieu ; je ne condamne point vos larmes, j'en ai versé aussi, moi, et Jésus, dans son universelle tendresse, les a doucement recueillies et m'a donné en échange des consolations d'une infinie douceur ; vous les goûterez aussi, ma fille, mais il faut savoir attendre. »

Cette tristesse se dissipa, douée d'une grande énergie de caractère, d'une force d'âme peu commune, aidée aussi du secours de la prière, de sa fidélité à la grâce, et des bons conseils de celle qui la dirigeait, S<sup>r</sup> Marie Ephrem sut dominer sa peine, vaincre son ennui et se mettre courageusement à l'œuvre. « Vous avez raison, ma mère, disait-elle à Mère S. Jérôme, quand Jésus nous appelle, il faut être généreuse et ne point se montrer religieuse à demi. Oh ! moi, je veux l'être tout de bon, » et prenant le crucifix de sa supérieure, elle baisait alors tendrement l'image de Celui qu'elle nommait son époux, son ami, son Jésus ! Dès lors, on la vit se porter, avec ardeur et joie, à tout ce qui regardait le culte de Dieu, s'occuper avec amour de la décoration des autels, de la propreté de la chapelle, etc. Chaque fois que l'obéissance le lui permettait, elle se plaisait à orner le tabernacle des fleurs de la saison, « Oh ! je suis très-heureuse, s'écriait-elle alors, mon Dieu est pour moi si miséricordieusement bon ! »

Mais elle n'hésitait pas à se priver de cette douce jouissance lorsque l'obéissance ou la charité l'appelait ailleurs. Elle saisissait toutes les occasions pour s'exercer à la pratique de l'abnégation et du renoncement. « Quelquefois, dit Mère S. Jérôme, il m'est arrivé de la tirer des occupations qui lui plaisaient le plus, pour la chose, en apparence la plus insignifiante, dans le seul but de l'éprouver, et jamais je ne vis en elle la plus légère marque de mécontentement. » Elle savait que le Dieu, dont elle voulait être l'épouse fut, avant tout, obéissant et, à l'exemple de son divin modèle, elle s'empressait d'obéir promptement et sans la moindre objection à tous les ordres qui lui étaient donnés. Profitant ainsi des grâces dont elle était entourée, elle marchait et avançait courageusement dans ce chemin de la vie religieuse, qu'elle devait parcourir tout entier en si peu d'années et où elle cueillit en abondance les fruits de ces vertus sublimes et vraiment héroïques dont elle devait laisser un si parfait exemple à toutes les religieuses de la Congrégation. Vertus bien chères à nos cœurs, puisqu'elles ont été celles de notre Mère et que nous nous efforcerons d'imiter.

Notre chère Congrégation, moins nombreuse à cette époque qu'elle ne l'est aujourd'hui, possédait dans notre vaste enclos un bâtiment moins commode, moins spacieux ; il ne comprenait que l'ancienne bâtisse, c'est-à-dire ce qui forme le pensionnat et la maison de retraite. La Maison-Mère et le Noviciat, actuellement séparés, étaient alors réunis, ce qui nécessitait un personnel assez nombreux dans un logement étroit et manquant d'une foule de commodités urgentes. De là aussi des inconvénients : c'était une chaleur plus étouffante dans un dortoir à lits pressés ; c'était une gaie récréation de novices faite le soir dans un coin du même appartement où les professes prenaient la leur ; c'était encore une salle commune où l'on se livrait à différentes occupations gênantes par leur multiplicité d'abord, puis par les distractions et dérangements qu'elles occasionnaient. S<sup>r</sup> Marie Ephrem ne se plaignait jamais ; elle disait gaiement à ce sujet : « Mes sœurs, nous n'avons rien à souffrir dans la maison du bon Dieu ; nous sommes si heureuses de nous y trouver ? Acceptons donc avec joie quelques instants de gêne ; ne sommes-nous pas les fiancées du pauvre par excellence, et ne voudrions-nous pas lui ressembler un peu de loin. »

Peu de temps après son entrée au Noviciat, S<sup>r</sup> Marie Ephrem fut placée maîtresse de classe au Pensionnat d'Aix. Dans cet emploi pénible, fatigant et presque toujours ingrat, son dévoûment, son esprit d'abnégation furent souvent mis à une rude épreuve. Elle se donna tout entière à cette noble et difficile tâche de l'éducation. Dans les enfants qui lui furent confiées elle ne vit pas seulement un esprit à cultiver, à former, à orner, mais une jeune âme surtout à diriger dans l'amour du bien ; elle s'occupa ainsi et de l'éducation et de l'instruction de ses élèves, ces deux grandes branches de l'enseignement que l'on ne doit jamais séparer, et elle le fit avec tout le zèle dont elle est capable. Usant largement de la santé forte dont elle jouissait alors, elle se dépensait entièrement ; son dévouement était tel, qu'elle trouvait encore le temps de soulager ses sœurs.

Après une journée passée tout entière auprès des enfants, alors que le travail avait été rude et la peine excessive, elle se trouvait heureuse de pouvoir se rendre à la chapelle pour la méditation du soir où la cloche l'appelait. Là, seule devant son Dieu seul, elle l'adorait un instant en silence, puis son âme pieuse et pure versait dans celle de Jésus le trop plein de sa tendre piété ; elle se reposait par la prière des fatigues du jour. « La prière, ô mes enfants, disait-elle plus tard à ses filles, je vous en prie, quelles que soient vos occupations, ne laissez jamais les prières prescrites par nos saintes règles. La prière ! mais c'est l'aspiration de l'âme, c'est sa vie ; elle nous est nécessaire comme l'air que nous respirons. L'âme religieuse languit et meurt si elle ne prie point. » C'était dans la prière qu'elle puisait son zèle, son dévouement et sa tendre charité pour tous !

« Je ne tarirais pas, dit Mère S. Jérôme, s'il fallait rapporter tous les traits de dévouement et d'abnégation de celle que je nomme avec bonheur et orgueil MA BONNE FILLE. Je ne me souviens pas qu'elle ait jamais refusé le plus léger service ; lorsque la chose demandée n'était pas en son pouvoir, elle savait si bien satisfaire par sa réponse affectueuse, que son refus était aussi agréable que le service rendu. Le plaisir d'obliger les autres lui paraissait si naturel, qu'elle disait souvent : « Je ne comprends pas comment on peut refuser. » Lorsqu'elle venait prendre sa récréation avec ses sœurs, il m'arrivait souvent, continue Mère S. Jérôme, de lui commander quelque chose qui devait la priver de ce délassement si légitime, elle se rendait sur-le-champ à l'endroit désigné sans laisser apercevoir le moindre mouvement d'humeur ou de contrariété ; je trouvais tant de souplesse et de soumission dans cette âme d'élite que je m'adressais de préférence à elle, sûre de ne trouver ni résistance, ni refus. Elle possédait à un très-haut degré le talent d'épargner aux autres le travail et la peine ; sa charité excessive la rendait ingénieuse à empêcher que ses sœurs n'eussent à subir des réprimandes ou des reproches, et souvent même avec une délicatesse, un tact admirable, elle s'arrangeait de façon à faire elle-même la pénitence pour des fautes qu'elle n'avait pas commises. Aussi toutes les Novices la chérissaient et l'estimaient ; pour elles toutes, son nom seul était un encouragement, une exhortation. »

Le temps coulait rapidement, mais il coulait doux et calme pour S$^r$ Marie Ephrem ; elle était si heureuse dans sa vocation ! Les lettres qu'elle écrivait à sa famille étaient l'expression bien sentie du bonheur qu'elle éprouvait. « Je prie pour vous tous, leur écrivait-elle, je ne vous oublie point. » Et à Adolphe elle disait : « Je t'aime toujours, et mieux sans doute, puisque

je t'aime plus près du bon Dieu ; je lui demande pour toi tout ce que te désire ma tendresse. »
Oh ! oui, elle aimait mieux. La religion laisse bien vives au cœur les affections de la famille que Dieu a créées si saintes et si vraies ; elle les épure de tout égoïsme et les rend plus fortes, plus généreuses, selon le cœur de Dieu !

Qu'ils connaissent peu les joies de l'âme ceux qui nous taxent d'égoïsme ou de folie ; qu'ils savent peu comprendre Dieu et les délicatesses de son amour infini ! O Jésus ! nous vous donnons ce qui passe, et vous que nous donnez-vous en retour ? Oh ! vous l'avez dit vous-même, le centuple en ce monde et le paradis en l'autre. Merci, mon Dieu, merci, en vous seul j'espère, je vois et j'aime : que votre règne arrive et s'établisse dans tous les cœurs : *Adveniat regnum tuum*.

## CHAPITRE XII.

### Conduite édifiante de S<sup>r</sup> Marie Ephrem pendant son Noviciat.

L'âme douce et pure de S<sup>r</sup> Marie Ephrem goûtait chaque jour mieux encore le bonheur que Dieu donne à ceux qui sont à Lui. « Que je suis heureuse ici, répétait-elle souvent. Mon Dieu ! qu'ai-je fait pour mériter une faveur si grande ! » Tout la portait vers Dieu, et elle rapportait aussi tout à Lui. Une fleur qu'elle rencontrait sous ses pas la faisait doucement sourire. « Attendez, disait-elle à ses sœurs, attendez que je la cueille ; » puis elle la baisait avec une admirable simplicité, et ajoutait : « gentille petite fleur, je t'aime parce que ta douce vue réjouit mon âme et la porte vers mon Dieu pour le remercier de t'avoir créée si gracieuse et si belle ; je t'aime encore, parce que tu loues ton Créateur, tu sers à sa gloire et tu ne l'offenses point. » Les oiseaux, les fleurs, la nature, apportaient tour à tour dans son âme des sentiments de reconnaissance et d'amour.

L'obéissance était une vertu favorite de S$^r$ Marie Ephrem, nous l'avons déjà vu, elle la possédait avec toutes ses qualités. « Je crois, dit Mère S$^t$ Jérôme, que son obéissance lui aura mérité un jugement favorable et un très-haut degré de gloire dans le ciel, tant elle l'a pratiquée fidèlement. » Elle a su offrir, en effet, pendant tout le cours de sa vie religieuse, un parfait modèle d'obéissance. Nous verrons plus tard comment, dans sa charge de Supérieure, elle savait obéir. C'est surtout dans ses rapports intimes avec celle qui la dirigeait que notre intéressante Novice a fait éclater son amour pour cette aimable vertu. Elle obéissait toujours avec la plus grande simplicité, chose d'autant plus admirable en elle qu'elle était douée d'une grande pénétration d'esprit, d'une justesse de jugement rare et d'une excessive délicatesse de sentiments. « Dans ses doutes et ses craintes, dit Mère S<sup>t</sup> Jérôme, elle venait à moi décharger entièrement son cœur, et recevait toujours mes avis avec ce grand esprit de foi si rare aujourd'hui, s'en tenant scrupuleusement à ma simple parole. » « On me l'a dit, répétait-elle, je le crois, je dois obéir, et je suis heureuse de le faire. » Cette foi soumise, cette admirable simplicité, nous l'avons remarquée en elle lorsqu'elle fut notre *Mère*. Profitons de son exemple, et toujours comme elle, fille toute dévouée à l'obéissance. Du haut du ciel, elle sourit à vos efforts, elle nous aide de ses prières et de son crédit.

Les qualités solides qui distinguaient déjà S<sup>r</sup> Marie Ephrem pendant son Noviciat, lui attirèrent, avec l'affection de ses sœurs et celle de ses Supérieures, l'estime et la vénération des enfants qui lui étaient confiées. Sa patience auprès des élèves était inaltérable ; elle sut toujours se dominer et conserver au milieu d'elles, comme en toutes circonstances, une grande égalité de caractère et d'humeur. Sa vertu, en cet endroit, était déjà telle, qu'on ne surprit jamais en elle le moindre mouvement d'humeur ou d'impatience. « *Sachons posséder nos âmes par la patience,* disait-elle en souriant. *L'homme patient racontera des victoires.* » Puis elle répétait encore cette parole des Proverbes : « *La patience est la grande sagesse.* » A quelque instant qu'on l'abordât, dans quelque occupation qu'on la surprît, elle recevait toujours avec bonté celle qui s'adressait à elle et lui répondait avec douceur et bienveillance. « S'il arrivait, dit Mère S<sup>t</sup> Jérôme, que je la reprisse publiquement, quelquefois avec trop de sévérité, d'autres fois à tort, l'humilité de la pauvre enfant faisait ressortir davantage son inaltérable patience ; elle se mettait à genoux, écoutait modestement et en silence le reproche qu'elle croyait avoir mérité, sans jamais se permettre aucune excuse, aucune justification. » Nous pourrions parler ici de son humilité, de son amour pour la vie cachée ; ce fut surtout dans cette vertu qu'elle excella, mais nous en parlerons à une autre époque de sa vie. Simple novice, elle fut simple et cachée ; devenue Supérieure, elle le fut plus encore.

S⁰ Marie-Ephrem paraissait un peu froide ; ceci tenait à un je ne sais quoi de noble et de digne qu'elle avait dans son air et dans ses manières, mais son cœur était affectueux et son âme aimante. Elle aima bien vite Mère S⁰ Jérôme, et s'ouvrit à elle avec la simplicité d'un enfant, comme elle faisait autrefois avec cette bonne Mère S⁰ᵉ Angélique qu'elle n'oubliait point, mais affectionnait toujours avec reconnaissance dans le fond de son âme. Du reste, elle conserva toujours une vive affection et une grande estime pour les religieuses Ursulines qui l'avaient élevée.

Mère S⁰ Jérôme voyait avec joie sa bonne fille s'avancer chaque jour dans la voie du renoncement, de l'humilité et de l'obéissance. En effet, elle s'appliquait à pratiquer avec la plus scrupuleuse attention les vœux qu'elle devait, plus tard, prononcer. Sa correspondance à la grâce était telle que déjà elle rejetait comme superflu toutes nécessités qui ne lui étaient pas indispensables. « Et mon vœu de pauvreté, disait-elle, il faut bien que j'y songe. » Lorsqu'elle recevait de sa famille certaines petites douceurs, que l'on permet aux Novices de garder, elle savait n'en point user, mais en disposer, avec permission, en faveur de ses compagnes. Elle ne redoutait rien tant que les singularités. Les attentions qu'on avait pour elle blessaient profondément son excessive humilité : on voyait qu'elle se faisait violence lorsque ses supérieures la forçaient à les accepter, et témoignait ensuite toute sa reconnaissance pour des bontés qu'elle disait ne point mériter.

Quoique ayant été élevée assez délicatement dans sa famille, S$^r$ Marie-Ephrem ne montrait jamais la moindre répugnance pour quoi que ce fût ; elle se prêtait à tout de bonne grâce, et allait même au devant de ce qui pouvait lui être commandé.

7

Tous les matins, les novices faisaient les différents emplois de la maison : les unes balayaient les dortoirs, les autres le réfectoire, la communauté, les cellules, la salle du Noviciat, etc. Tout se faisait à la même heure, après laquelle tout rentrait dans l'ordre. S[s] Marie-Ephrem apportait la plus grande attention à l'emploi qu'on lui avait confié, et à aider les autres quand il y avait lieu. S'agissait-il parfois d'aller à la cuisine pour remplacer une sœur, elle demandait avec instance ce qu'elle appelait une faveur et s'en allait, tout heureuse, remplir cet emploi. D'autres fois encore, elle portait l'eau nécessaire aux repas. « Je suis forte, disait-elle à la sœur qui voulait lui épargner cette peine, laissez-moi donc faire, vous êtes fatiguée, vous, je puis fort bien me donner la satisfaction de vous aider un peu. »

Elle aimait aussi à travailler pour l'autel ; naturellement adroite, on lui confiait de préférence certains petits ouvrages délicats qu'elle faisait avec la plus vive joie; mais quelle que fût l'occupation à laquelle elle se livrât, elle s'efforçait toujours d'être unie au bon Dieu. « Nous travaillons sous son doux regard, disait-elle, pourrions-nous oublier sa divine présence et ne pas lui offrir toutes nos actions ; nous sommes si heureuses de travailler pour un si bon Maître ! puis elle ajoutait : O Jésus ! qu'ai-je donc fait pour mériter une si grande grâce ? »

La sainte Communion faisait ses plus chères délices ; elle s'y préparait toujours d'avance par quelques petites mortifications. Fidèle à la pratique qu'on lui avait donnée, elle choisissait, dès la veille, un titre pour recevoir Notre-Seigneur : c'était sous celui de Père, de Sauveur, de Consolateur, de médecin, d'ami, etc. Oh ! ce dernier titre surtout allait à la tendre charité de son âme. « Jésus, *notre ami*, disait-elle à Mère St Jérôme. Oh ! ce nom est bien doux à notre si pauvre cœur. » Il nous fait du bien. Un ami ! oh ! il sait toujours compâtir, consoler ! On va auprès de lui se reposer des ennuis de la vie ! et Jésus veut être lui - même cet ami. » Puis se taisant, elle savourait dans le secret de l'âme, les douceurs infinies de l'amour de son Dieu ! « Souvent , dit Mère S'Jérome , elle venait nous trouver dans notre chambre pour satisfaire le besoin de son âme. Nous parlions du ciel, de Dieu , de Marie, des Saints, des Anges , et tout heureuse , elle s'écriait avec l'accent de l'âme : « Oh ! oui, toujours , toujours , j'aimerai Celui qui m'a tant aimée. » Mais tout cela était dit dans l'intimité, car sa vertu était tout intérieure. On peut dire d'elle , avec justes raisons , qu'elle faisait des choses communes, mais ne les faisait pas d'une manière commune ! « Je la voyais si sainte, si soumise aux volontés du Seigneur, ajoute encore sa mère-maîtresse, qu'un jour, ne pouvant contenir mon admiration, je lui dis : Mon enfant, Dieu a de grands desseins sur vous, correspondez à ces desseins , et non - seulement vous persévérerez, mais vous occuperez un jour une des premières charges de la Congrégation. » Nous savons si la bonne religieuse a dit vrai.

Le temps ne coulait pas en vain pour S<sup>t</sup> Marie-Ephrem ; chaque jour son âme s'ornait de vertus nouvelles. Elle avait eu la douce consolation de rester au Noviciat. Le pensionnat n'était point séparé de la Maison - Mère, elle n'avait pas eu la douleur de s'éloigner de Mère S<sup>t</sup> Jérôme. « Le bon Dieu me gâte, disait-elle souvent ; il me sait faible, peu vertueuse, voilà pourquoi il me garde au berceau et me laisse les soins tendres et délicats d'une Mère. » Peu de sœurs avaient cette consolation. Ordinairement après trois mois de Noviciat, les postulantes étaient revêtues du saint habit (à présent le postulat est plus long), et placées dans nos différentes maisons pour qu'elles eussent à s'y exercer, soit auprès des malades dans nos hôpitaux, soit auprès des enfants dans nos ouvroirs, nos Providences, nos Asiles ou nos Pensionnats, soit encore auprès des vieillards infirmes ou des aliénés. Après deux ans elles rentraient au Noviciat pour se préparer à prononcer leurs vœux. Cette rentrée était toujours vivement désirée ; les larmes qu'elle faisait couler n'étaient point amères ; oh ! non, elles étaient par contraire l'expression sensible d'une douce joie.

## CHAPITRE XIII.

Départ de S<sup>r</sup> Marie - Ephrem pour Marseille. — Son retour au Noviciat. — Sa profession.

C'était au commencement du Carême de l'année 1854. Un an s'était écoulé depuis l'arrivée de S<sup>r</sup> Marie - Ephrem au Noviciat ; elle était heureuse et remerciait Dieu chaque jour d'avoir ainsi conduit toutes choses à sa gloire ; elle n'oubliait point sa famille et priait pour tous. Adolphe, alors en Afrique, correspondait toujours avec celle qu'il ne cessait d'aimer et de chérir , et qui lui rendait en ferventes prières son affection vivement sentie. Les rapports avec tous les membres de la famille se continuaient doux et chers !

L'emploi de Maîtresse de classe que S<sup>r</sup> Marie-Ephrem remplissait au pensionnat d'Aix , lui avait valu de ne pas quitter le Noviciat , *son cher et doux nid,* comme elle l'appelait, et c'était là pour elle, nous l'avons déjà dit, une grande joie. Mais cette joie, toute légitime qu'elle fût, ne devait pas être de longue durée; un ordre de ses supérieures l'appela au pensionnat de Marseille. La nouvelle de ce prompt départ, auquel elle ne songeait nullement, lui causa une pénible émotion qu'elle ne sut point cacher à la bonne Mère S$^t$ Jérôme. « Je suis triste, c'est vrai, je l'avoue, lui disait-elle, mais pourrait-il en être autrement, ma mère, puisque je vais vous quitter. Oh! certainement je veux faire la volonté du bon Dieu, croyez-le; mais ce moment de peine est indépendant de ma volonté; il est la conséquence toute simple, toute naturelle de vos bontés pour moi, vous me le pardonnez, n'est-ce pas, et Jésus aussi me le pardonne. N'a-t-il pas aimé beaucoup, Lui, ses amis de la terre! La tristesse que j'éprouve de quitter les miens il ne la condamne point. » Puis voulant chasser les inquiétudes de sa conscience, au sujet de ce moment d'ennui, elle se mit à genoux, disant : « Laissez-moi renouveler à vos pieds, bonne Mère, la donation complète de moi-même à mon Dieu et ma dépendance entière à son bon plaisir. »

Sr Marie-Ephrem se montra courageuse et forte, du reste, disons-le, le sacrifice la trouva toujours telle. Il lui en coûtait de quitter ses enfants, ses supérieures, sa mère, ses sœurs, le Noviciat. Elle partit néanmoins soumise, résignée et même souriante. Chargée de la première classe à Marseille, elle montra le même zèle, le même dévouement et se fit également aimer des religieuses et des enfants. Sans oublier ceux qu'elle avait quittés, elle se trouva heureuse dans son nouvel emploi. « Partout on trouve Jésus, disait-elle ; au tabernacle, il est si doux, il parle à notre cœur avec tant de tendresse ! » Sa classe, moins nombreuse que les autres, était aussi moins fatigante ; un professeur, chargé de plusieurs cours, allégeait aussi son travail. Comme au Noviciat, elle était toujours disposée à soulager les autres, les aider de tout son pouvoir et de sa bonne volonté. Elle obtint de faire son carême, et comme une religieuse lui objecta qu'elle pourrait en ressentir de la fatigue : « Ne craignez point, répondit-elle en souriant, mon estomac est complaisant, il se prête à tout, et puis j'ai toujours fait mon carême. » En effet, sa santé n'en souffrit nullement. Tout à cette époque faisait espérer pour elle de longs jours ici-bas. Hélas ! il n'en a pas été ainsi ; elle a passé vite, bien vite sur la terre. Alors qu'elle eût pu nous être conservée encore et nous faire du bien, Dieu a voulu la rappeler à Lui, qu'il soit béni de tout.

Le mois d'avril avait succédé au mois de mars ; la fête de Pâques, célébrée avec une joyeuse pompe dans la chapelle du pensionnat, avait ramené, avec les beaux jours, le gracieux mois de mai, apportant à l'âme pieuse ses joies saintes et suaves, ses joyeux chants d'amour à Marie, il s'écoula aussi bien vite ; quelques heures encore, et les touchants exercices de chaque soir auront cessé, et l'autel sera dépouillé de ses ornements de fête, de ses mille cierges, de ses brillantes fleurs. « Je serais presque triste, disait Sʳ Marie-Ephrem à ses élèves, de voir s'enfuir si vite ce beau mois spécialement consacré à Notre Mère, si je ne me consolais par la douce pensée que nous allons commencer le mois du Sacré-Cœur. Oh ! oui, cette pensée console, nous ne quittons pas Marie puisque nous allons à Jésus, et dans son cœur tout amour nous trouverons celui de notre douce Mère, et des grâces plus abondantes encore nous seront accordées. » Sʳ Marie-Ephrem disait vrai : tout est consolation et joie pour l'âme pieuse aimant Dieu de tout son cœur ; elle sait s'unir à l'Eglise dans la célébration des fêtes instituées en son honneur. Maîtresse de classe, elle était avant tout religieuse, elle savait ne point l'oublier et faire tout pour Dieu.

Déjà dans le courant du mois de mai les chaleurs avaient été très-fortes. Elles occasionnèrent bientôt des maladies ; le choléra se déclara dans le courant de juin, et ne tarda pas à faire de nombreuses victimes dans Marseille. Le pensionnat n'avait pas été atteint, mais l'épidémie venant à sévir avec plus de force encore les parents alarmés vinrent, sur l'invitation des religieuses, retirer leurs enfants pour fuir avec eux la terrible contagion. S$^r$ Marie-Ephrem fut aussitôt rappelée au Noviciat. Quelque temps après son départ, six religieuses succombaient atteintes du terrible fleau ; les autres rappelées en hâte à Aix attendirent à la Maison-Mère la cessation de l'épidémie ; elle céda peu à peu, au commencement d'octobre elles purent retourner à Marseille et rouvrir leur établissement : la rentrée des élèves s'effectua encore dans le courant du même mois.

S$^r$ Marie-Ephrem dut rester au Noviciat pour se préparer à sa profession qui devait avoir lieu dans quelques mois. Placée de nouveau au pensionnat d'Aix, elle y continua son emploi de maîtresse de classe. Mais tout absorbée par la pensée du grand acte qu'elle allait accomplir, elle veillait avec encore plus de soin sur elle-même, docile aux inspirations de la grâce, elle ne se pardonnait jamais le plus petit manquement. Son amour pour Dieu s'accrut encore, et le bon Maître l'en récompensa en rendant plus vif en son âme son désir de l'aimer. « Oh! j'ai besoin, bonne Mère, disait-elle parfois à la maîtresse des Novices, j'ai besoin de vous parler un peu de mon Jésus ; un entretien spirituel est pour l'âme un aliment dont elle se passe difficilement ; » et, à genoux auprès de sa Mère, sa belle âme s'ouvrait à elle et laissait ainsi voir ses sentiments pieux et saints. La conversation durait quelquefois longtemps, mais ce n'était jamais sans fruit pour la fervente novice. La méditation était une vraie joie pour elle. « Je suis la méthode donnée, disait-elle aux sœurs qui parfois se plaignaient de ne pouvoir méditer ; essayez, faites de même ; acceptez, comme je le fais moi-même, les ennuis, les dégoûts, les sécheresses occasionnés par nos continuelles distractions, mais soyons surtout vigilantes à chasser ces dernières, bien sûr alors nous parviendrons à quelque chose. Si Jésus voit de la constance dans notre bonne volonté, il nous aidera ; et puis au reste, ajoutait-elle encore, notre mérite est de tenir bon et ne pas nous décourager. » Elle ne manquait aucun des exercices du Noviciat. Mère S$^t$ Jérôme prenait quelquefois à part, à cette époque, les Novices qui se préparaient à faire leurs vœux. On se trouvait alors mieux en famille, les cœurs s'ouvraient avec plus d'abandon, la règle était expliquée dans ses plus minutieux détails ; la pratique des vœux religieux et leurs obligations amplement détaillées par la Mère-Maîtresse ; des avis tout particuliers étaient donnés, des petites pénitences étaient aussi faites en commun, et les grâces du bon Dieu descendaient plus abondantes et plus douces dans ces âmes ainsi préparées. S$^r$ Marie-Ephrem ressentait vivement l'amour de ce Dieu infini en bonté, en miséricorde, en tendresse. « Dieu seul, disait-elle souvent, oh! oui, Dieu seul! Je comprends maintenant, ajoutait-elle encore, pourquoi, lorsque j'étais pensionnaire au couvent des Ursulines, une bonne religieuse qui avait été ma maîtresse de classe, me disait souvent, soit à la récréation ou ailleurs : « *Chantez-moi Dieu seul.*, » et elle prenait un plaisir infini à l'entendre. « Recommencez, me disait-elle, » et elle écoutait de nouveau avec une satisfaction inouïe. Je ne comprenais pas ce que pouvaient avoir de consolant pour son âme les paroles de ce cantique ; je le sens maintenant, et je sais un peu tout ce que dit à une religieuse ce mot « *Dieu seul.* » Dieu seul, en effet, occupait toute la pensée de S$^r$ Marie-Ephrem, et son travail était une prière continuelle.

L'heureux jour de la profession n'était pas éloigné ; la cérémonie en était fixée au 18 avril de cette même année 1855. Les Novices s'y disposaient par une sérieuse retraite de huit jours et par une confession générale de toute leur vie. « Préparons-nous à notre second

baptême, disait Sr Marie - Ephrem, puis elle ajoutait : après une telle grâce, ne permettez pas, ô mon Dieu, que je vous offense encore! »
La douce aurore du 18 avril parut enfin! Ce jour-là Sr Marie - Ephrem monta à l'autel avec quatre de ses sœurs. Toutes, revêtues d'une robe noire à longue queue traînante, la tête couverte du grand voile, le front orné d'une couronne de roses blanches, tenant d'une main où brille l'anneau d'argent un cierge allumé et de l'autre l'acte de leurs vœux, elles s'avancent processionnellement vers l'autel, puis se mettent à genoux en face de l'ostensoir d'or où rayonne l'Hostie sainte ; elles prononcent d'une voix émue et tremblante la formule de leurs vœux religieux et en signent l'acte au pied de l'autel. En ce moment de solennel silence tous les cœurs sont émus. La pâleur répandue sur les traits des nouvelles épouses du Christ, trahit seule la vive émotion de leur âme, et la joie sainte qu'elles goûtent. « Je me rappelle toujours avec émotion, dit Mère St Jérôme, les

paroles que *ma bonne fille* m'adressa en m'embrassant, le jour de sa profession, au sortir de l'auguste cérémonie : « O ma Mère, que je suis heureuse, j'ai tout ce que j'ai désiré..., je suis à mon Dieu pour toujours. »

Elle était heureuse, et pendant toute cette journée la joie rayonna sur son front pur et doux. Elle souriait et parlait de son Jésus. « Voilà désormais tous mes trésors ici-bas, disait-elle, baisant tour à tour son crucifix, son anneau, son grand voile et son chapelet ; ô mon Dieu ! je n'en veux point d'autres ; que mon bonheur est grand ! » Mère S$^t$ Jérôme souriait doucement à sa bonne fille. « Oui, oui, soyez heureuse, lui dit-elle, goûtez bien votre bonheur aujourd'hui, je vous le permets, il est si légitime, mais ne l'oubliez pas, les joies, ici-bas, sont de courte durée et, il en est de même, faut-il bien vous le dire, de celles que Jésus accorde à son service, il nous les enlève souvent ! donc elles passent aussi comme les fleurs dont vous aimez à respirer le parfum, à admirer l'éclat. » Oh! oui, toujours, hélas! sur cette pauvre terre, les sourires cachent des larmes, et l'épouse de Jésus doit marcher comme Lui dans l'âpre et rude sentier du Calvaire. Que lui importent si elle aime généreusement, les clous, les épines, la croix! suivre partout son bien-aimé, c'est là son seul désir : faire sa volonté sa volonté sainte son seul bonheur. « O Jésus! je suis toute à vous, disait Sr Marie-Ephrem, le soir de ce beau jour, en offrant à Dieu son repos ; oui, toute à vous pour toujours! »

## CHAPITRE XIV.

S<sup>r</sup> Marie-Ephrem placée à l'asile des Aliénés d'Aix.

Le mois d'avril, avec ses longs jours, son chaud soleil, sa fraiche brise, sa naissante végétation, n'était pas encore terminé, que déjà les jeunes vierges qui venaient de prononcer leurs vœux religieux à la touchante cérémonie de profession, avaient quitté le Noviciat pour se rendre dans les différentes maisons de la Congrégation où les appelait la sainte obéissance : quelques-unes allaient peut-être y continuer leurs emplois, d'autres en remplir de nouveaux ; peu importe, toutes étaient parties contentes, offrant généreusement à Dieu leur sacrifice et remplies de dévouement pour son service. Seule, S<sup>r</sup> Marie-Ephrem restait encore au Noviciat, attendant d'un jour à l'autre que ses supérieures disposassent d'elle pour n'importe quel emploi. Ce temps de répit elle le met à profit auprès de Mère S¹ Jérôme, recueillant avec une sorte d'avidité les sages et utiles conseils de cette prudente Maîtresse. « Vos bons avis, ma Mère, je ne les oublierai jamais, lui disait-elle, je les emporte dans mon âme avec votre doux souvenir, ils ne me quitteront point. » Mais ce temps fut court, bien court, et à son tour Sʳ Marie - Ephrem dut quitter le Noviciat et dire adieu à la bonne Maîtresse qu'elle y laissait pour se rendre à l'asile des Aliénés d'Aix, distant de la Maison - Mère de quelques centaines de pas seulement, et où elle devait remplir l'emploi d'économe. Elle reçut cet ordre avec sa soumission ordinaire, mais une subite émotion se trahit cependant sur sa physionomie. Pourquoi cet instant de trouble ? Serait-il le signe de l'hésitation, du regret ? Le sacrifice pèserait-il trop à cette âme jusqu'à ce jour si généreusement forte et courageuse ? Reculerait-elle devant cette abnégation de chaque instant, qui va lui être imposée plus pénible encore par les nouveaux devoirs qui l'attendent. Oh! non, non, Sʳ Marie-Ephrem n'a jamais hésité devant l'obéissance, et le sacrifice toujours la trouva généreuse. Le secret de son émotion soudaine le voici : Au moment du départ, comme elle était à genoux aux pieds de sa bonne Mère pour se faire bénir en lui disant adieu, ces mots tombèrent de ses lèvres émues et tremblantes : « Oh ! comme mon Jésus, ma mère, sait aujourd'hui délicatement me prouver son amour ; je ne redoutais qu'une seule chose dans la Congrégation : être employée auprès des aliénés, vous le savez ; eh bien! cette répugnance, ou mieux cette faiblesse, mon Dieu veut bien m'aider à la surmonter aujourd'hui ; je vais sans crainte où il m'appelle ; ne sera-t-il pas désormais toujours là près de moi veillant et m'aidant. « Et doucement joyeuse, elle prit congé de ses supérieures et quitta la Maison-Mère emportant sur son cœur son plus doux trésor, son crucifix. Oh! oui, elle ne devait pas être seule dans la vie, épouse d'un

Dieu, liée à Lui par des liens indissolubles, que pouvait-elle craindre? Elle s'était donnée tout entière, et Lui aussi s'était donné tout entier : « *Quand Jésus est présent*, dit le pieux auteur de l'Imitation, *tout est doux et rien ne semble difficile.* » Ainsi il en était pour les jeunes Vierges nouvellement consacrées à Dieu.

L'Asile des Aliénés, situé à Aix sur le petit Cours de la Trinité, était alors, comme aujourd'hui, dirigé par les soins intelligents et éclairés du docteur Pontier. Les Sœurs de Saint-Thomas, appelées par l'Administration à soigner les pauvres malades de l'Etablissement, y formaient une petite Communauté de 15 à 16 religieuses, ayant pour Supérieure Mère St Eusèbe remplissant aussi la charge d'Assistante générale. Cette digne Supérieure reçut avec un accueil tout bienveillant, tout maternel, la jeune professe, et, hâtons-nous de le dire, il lui fallut peu de temps pour apprécier et connaître la vertu solide et le bon jugement de Sr Marie-Ephrem. Son humeur douce et calme, son caractère gracieux et bon, ses paroles toujours bienveillantes, son dévouement à toute épreuve, son aimable gaîté en récréation, son sens droit et simple, son humilité qui la faisait s'effacer en tout sans le moindre effort apparent, toutes ces précieuses qualités la rendirent bientôt chère à toutes les religieuses étonnées de trouver déjà en elle tant de vertus. En effet, son esprit de foi était admirable, c'est ce qui la rendait si patiente, si maîtresse d'elle-même, et je dirai si dévouée ; sa conduite exemplaire la faisait à la fois chérir et respecter !

Elle se dévoua complètement à son emploi, et Dieu bénit, avec grande abondance de grâces, les violences qu'elle eut à se faire dans les commencements. « J'avais bien un peu peur, disait-elle plus tard, quand il me fallait traverser les cours et que je me voyais entourée de ces pauvres folles, il me semblait toujours qu'elles allaient me faire du mal, et chaque fois mon cœur battait bien fort. » Cette crainte excessive dura peu. S$^r$ Marie - Ephrem s'attacha bientôt de toute son âme aux pauvres aliénées ; elle se trouvait bien au milieu d'elles, leur procurait toujours quelques douceurs, et les gâtait à sa façon autant qu'elle pouvait. « Pauvres créatures, disait-elle, ô mon Dieu, que vos desseins sur nous tous sont impénétrables. » Puis elle les caressait doucement, leur souriait avec tendresse. « Si du moins, s'écriait-elle alors, elles pouvaient sentir qu'on les aime ! » Cette consolation n'est pas donnée à la religieuse qui se dévoue auprès de ces êtres privés de raison: chez les unes, c'est l'imbécillité la plus complète qu'elle rencontre, c'est un regard indifférent et sans vie qui répond à la compatissante tendresse du sien ! chez les autres, c'est une gaîté et des chants qui font mal ; chez d'autres encore une agitation délirante, furieuse, qui vomit avec extravagance des menaces et des imprécations. La religieuse dans cet emploi mérite beaucoup devant Dieu, sa vie s'écoule en face de ces êtres dépourvus de sentiments, qui reçoivent le bienfait sans reconnaissance et avec une stupidité navrante. Oh ! que cette religieuse a besoin de force et de courage. Jeune encore, tout est si vivant dans son cœur ! Elle se souvient de la famille qu'elle a quittée, des êtres chéris qui l'aimaient ! Quand ce souvenir du passé si doux au cœur, mouille ses yeux de larmes, elle les lève vers le ciel et sourit doucement à la récompense promise au sacrifice. Oh! non, point de regrets dans ce passé, c'est tout de bon, c'est pour toujours qu'elle a fui les consolations et les joies de la terre. Le désert de la vie religieuse n'est point trop aride, oh! non, elle sourit en le traversant, elle y a rencontré Jésus ! il marche auprès d'elle, il est son appui, son soutien ! Dans ses méditations, elle est consolée, encouragée, fortifiée par la douce présence de son Dieu dans le tabernacle et dans son cœur ! « Jamais on ne prie mieux, disait dans la suite S$^r$ Marie-Ephrem, que lorsqu'on s'est renoncé toute une journée. » En effet, qu'est-ce qui arrête dans une âme les consolations divines, n'est-ce point celles qu'elle reçoit des créatures ?

La charge d'Assistante générale que remplissait avec tant d'intelligence et de tact Mère S$^t$ Eusèbe, l'obligeait à des absences très-souvent répétées. C'étaient des voyages à faire avec la Supérieure Générale, des visites dans les nombreuses maisons de la Congrégation, des rapports plus étendus, plus fréquents, plus multipliés avec différentes administrations ; c'étaient encore les affaires de toute la Congrégation qui nécessairement l'occupaient. Sa petite Communauté était donc souvent privée de sa douce présence, mais afin qu'elle ne fût pas négligée et que le service des malades n'eût rien à souffrir, elle choisit S$^r$ Marie-Ephrem pour la remplacer, soit dans son emploi à l'égard de l'administration de l'hospice, soit dans ses rapports avec les religieuses. Ce qu'elle fit une première fois avec tant de tact, de simplicité, de délicatesse et d'intelligence que Mère S$^t$ Eusèbe, à son retour, remercia Dieu du fond de l'âme du choix que lui-même avait bien voulu faire par son entremise. En effet, chaque fois qu'elle retournait après une absence plus ou moins prolongée, tout s'était fait avec la précision et l'ordre voulus ; l'intelligente Supérieure ne trouvait rien de changé, tout avait été prévu et fait avec bon esprit et adroite sagacité. Cette confiance de la Supérieure envers son économe n'éveilla dans l'âme des religieuses pas la moindre ombre de jalousie : elles en furent même heureuses. Le vrai mérite se cache, il est modeste, voilà pourquoi il est toujours apprécié, estimé, aimé !

Bientôt s'établit entre Mère S¹ Eusèbe et S¹ Marie-Ephrem une douce intimité rendue plus grande encore par les fréquents rapports qu'elles avaient ensemble. Ces deux âmes, également grandes, généreuses et nobles, quoique différentes de caractère et d'humeur, surent se comprendre et s'aimer ! Oui, c'est là dans ce pauvre et humble asile, sous le regard de Dieu et celui de sa douce Mère, que naquit dans ces cœurs aimants, courageux et forts cette affection vraie, sincère, religieuse et profonde que la mort n'a pu briser et qui, de part et d'autre, a été si vivement sentie, si délicatement dévouée. Ce que j'en pourrais dire n'est rien ; les circonstances, les faits, pourront seuls nous la dévoiler. Et puis, il est de ces sentiments si intimes, si délicats, si doux qu'on essaie en vain d'exprimer ; on les comprend, on les saisit, on les sent passer dans son âme, ils nous émeuvent doucement, mais on ne les dit point. S$^r$ Marie-Ephrem se dévoua entièrement à sa digne Supérieure ; non-seulement elle exécutait avec empressement ses moindres ordres, mais elle prévenait tous ses désirs avec une attention toute filiale. Son profond respect pour celle qu'elle nommait sa mère était tel qu'elle inclinait toujours, avec joie, son jugement devant sa manière de voir; guidée toujours en cela par son grand esprit de foi qui lui faisait voir Dieu dans sa supérieure. Ce profond respect n'excluait point un abandon rempli d'une franche simplicité ; toujours elle émettait son sentiment quand elle y était invitée, et souvent aussi il était adopté.

Presque deux ans s'étaient ainsi écoulés. Dans cet intervalle, Mère S$^t$ Eusèbe ayant eu à faire un voyage à Hyères, avait obtenu sans peine de la Supérieure générale de prendre pour compagne S$^r$ Marie-Ephrem. Cette dernière eut donc la consolation d'embrasser encore une fois son vieux père. L'heureux vieillard tremblait d'émotion et de bonheur en pressant dans ses bras sa fille chérie, son Elise bien-aimée ; de grosses larmes soulageaient son cœur et la joie la plus vive le remplissait. Nous ne peindrons point son entrevue avec les membres de la famille, avec Céleste surtout ; en la quittant elle lui sourit doucement. « A revoir, » lui dit-elle. Ce mot répondait à la douce et sainte espérance que Céleste devait sous peu voir se réaliser, celle d'être aussi religieuse un jour.

La vie de S$^r$ Marie - Ephrem était pleine de

contentement et de paix ; la vertu qui en elle ne se démentait jamais, nécessitait sans nul doute des combats et des luttes, mais dont Dieu seul était témoin et qu'il récompensait dès ici-bas par d'infinies douceurs et une plus grande abondance de grâces ; mais dans son incommensurable tendresse Dieu lui réservait aussi des douleurs. Quelque temps après son retour d'Hyères elle fut soumise à une forte épreuve, un télégramme lui annonça la maladie de son père, elle partit de suite pour revoir encore celui auquel elle voulait elle-même fermer les yeux, mais cette triste consolation lui fut refusée. En arrivant à Hyères son père n'était plus, il avait expiré le 7 de ce même mois de mars 1857, en prononçant le nom de la fille qu'il avait tant aimée. Sr Marie-Ephrem pleura beaucoup ; sa douleur fut profonde, mais selon Dieu, elle adora sa volonté sainte, s'y soumit, et déposa tout le poids de sa peine dans le cœur de celui qui seul pouvait l'adoucir. Sa présence dans sa famille fut un bienfait pour tous ; elle sut, par ses paroles affectueusement tendres, relever un peu la douleur de tous et élever vers Dieu ces âmes pieuses par la pensée de cette vie future qui ne doit jamais finir et dont les jours durables doivent nous consoler pendant une éternité des maux fugitifs et passagers de cette si pauvre terre de l'exil ! Elle quitta les siens, et revint dans sa chère solitude plus forte et plus courageuse sous le coup de la douleur qui venait de la frapper, plus rapprochée de son Dieu par cette nouvelle souffrance ; elle pria mieux encore pour celui qui n'était plus.

## CHAPITRE XV.

Sʳ Marie - Ephrem nommée Supérieure des Religieuses de l'Asile des Aliénés.


La mort de M. Laure avait porté un coup bien douloureux à Sʳ Marie - Ephrem ; elle en supportait courageusement la souffrance, mais elle était en peine de Cêleste dont la santé languissante ne cessait de l'inquiéter. Elle priait beaucoup pour elle et n'oubliait point auprès de Dieu qu'elle avait promis d'être sa mère. Ses prières furent exaucées ; elle eut la douce joie de la voir entrer au Noviciat et, quelques mois après revêtir, sous le nom de Sʳ Sᵗ Antoine, l'habit des religieuses hospitalières de Saint-Thomas-de-Villeneuve. Elle fut heureuse, bien heureuse, et remercia Dieu du fond de l'âme de ce nouveau bienfait.

Les chaleurs du mois de juillet se faisaient, cette année, fortement sentir ; mais grâce à l'heureuse situation de l'établissement, les pauvres malades et les religieuses n'en subirent aucune fâcheuse influence : les salles entretenues avec la plus grande propreté et parfaitement aérées, les cours spacieuses, l'air pur qu'on y respirait, tout cela contribuait à tempérer un peu les chaleurs devenues étouffantes. A cette époque, la Supérieure Générale appela auprès d'elle à la Maison - Mère, Mère S$^t$ Eusèbe. On avait à s'occuper de différentes affaires concernant la Congrégation, de la retraite annuelle, des placements des sujets, de certaines dispositions à prendre, la présence de la première Assistante devenait indispensable. Cette fois ce n'était pas pour quelques jours seulement que Mère S$^t$ Eusèbe quittait sa petite Communauté, son rappel à la Maison - Mère était définitif. Elle dut donc dire adieu à ses filles, les quitter. La séparation, pénible pour tous, le fut assurément plus encore pour S$^r$ Marie-

Ephrem ; elle quittait à la fois une bonne mère, une âme dont elle avait su deviner les éminentes qualités et dont elle était l'amie sincère et dévouée. A cette peine s'en joignit une autre, celle de remplacer dans sa charge de Supérieure la mère qu'elle regrettait si fort. Oui, la vertu bien connue de S$^r$ Marie - Ephrem l'avait fait juger propre à remplir cet emploi de Supérieure locale dont son excessive humilité s'effraya. « Oh ! je ne suis bonne à rien, dit-elle, et le lourd fardeau de l'autorité pèsera trop à mes faibles épaules ; » mais, religieuse avant tout, elle sut obéir et accepta la charge qui lui fut donnée.

Rien ne changea dans la petite Communauté: les exercices continuèrent à se faire aux mêmes heures et le même esprit anima toutes les religieuses. La jeune Supérieure s'appliqua surtout à donner toujours l'exemple de ce qu'elle prescrivait à ses filles. La première au travail, elle était aussi la première à tous les exercices de piété. « Dédommageons-nous auprès du bon

Dieu des peines d'ici-bas, disait-elle, prions. »
Et elle veillait avec la plus scrupuleuse attention
à ce que les différents emplois n'enlevassent à
aucune de ses religieuses les prières prescrites
par la règle, et tout se trouvait si sagement disposé que nulle n'eut à souffrir de ce côté.

Lorsqu'une sœur se trouvait fatiguée, plutôt
que d'en surcharger une autre, elle faisait elle-même son emploi, et cela tout le temps voulu.
Jamais elle n'acceptait rien qui pût la distinguer
de ses sœurs et fut toujours très-sévère sur ce
point. Sa piété bien entendue devinait bien
vite chez les autres la vraie vertu, et dans les
pratiques de piété, elle préférait avant tout la
voie commune. « C'est la plus sûre, disait-elle, on ne se trompe point en la suivant, tandis que les autres cachent des piéges et mènent,
le plus souvent, au péril. Allons franchement
au bon Dieu, aussi simplement et naïvement
qu'un enfant va auprès de son père ; reconnaissons nos misères, exposons-lui nos besoins et
soyons prêtes à tout ce qu'il voudra de nous. »

Ses observations, elle les faisait toujours avec une douce bonté, et s'il arrivait qu'un léger manquement à la règle eût éte commis volontairement, elle disait alors peu de mots, mais son air calme, sévère et surtout peiné était une éloquente exhortation. Du reste ses réprimandes étaient toujours maternelles. « Nous ne sommes pas supérieures, disait-elle un jour à une sœur qui portait comme elle le poids de l'autorité, mais nous sommes mères. Oh ! sachons-le bien, et pénétrons-nous de l'importance de nos devoirs. Ce mot de *mère* dit beaucoup au cœur ; il doit aussi donner beaucoup. » Presque chaque jour elle visitait ses filles dans leurs emplois, les encourageait avec bienveillance, les reprenait avec bonté s'il y avait lieu, et exigeait partout l'ordre le plus parfait et une propreté irréprochable.

Une sœur, un jour, avait laissé des balayures dans un coin du corridor qu'elle venait d'approprier ; le premier mouvement de Mère Marie-Ephrem est de les enlever, mais se ravisant aussitôt, elle préfère avertir la sœur de son oubli ; quelques jours après les balayures sont encore laissées, même avertissement charitable de la part de la bonne Supérieure. Un autre jour encore la même négligence est commise. Cette fois Mère - Marie Ephrem enlève elle-même les balayures en question ; comme elles les emportait, la sœur arrive, apercevant sa Supérieure munie de la pelle et du balai, elle rougit, tombe à genoux et dit : « O ma mère, pardon, laissez-moi enlever tout cela. » Souriant à demi du trouble de la pauvre religieuse, Mère Marie-Ephrem lui répond avec la plus grande douceur : « Vous êtes très-occupée, ma fille, et je comprends que vous n'avez pas le temps de songer à tout ; il est permis à votre mère de réparer votre oubli, laissez-moi faire. » Puis elle la relève, l'encourage doucement et lui témoigne la plus grande bonté. La négligence depuis ne se renouvela plus, la bonne sœur était corrigée. Elle aimait beaucoup toutes ses filles, mais elle était avec toutes d'une réserve noble et digne. « La vraie affection est dans le cœur, disait-elle souvent, elle se montre dans les actes et non dans les paroles. C'est ainsi que Jésus nous témoigne la sienne. Pourquoi voudrions - nous ressembler aux gens du monde et nous donner quelques - uns de ces fades témoignages de tendresse dont nous n'avons plus besoin entre nous ? Aimons - nous bien, oh ! oui, il le faut, nous le devons, mais aimons - nous en Dieu. » Les religieuses l'aimaient toutes, mais aucune ne se serait jamais permis avec elle la moindre familiarité. « Soyons nobles, soyons grandes et réservées, disait-elle encore, nous sommes les épouses d'un Dieu, et ce titre, dont nous sommes indignes, doit nous faire toujours réfléchir. » Souvent, dans la journée, elle allait visiter le divin prisonnier du tabernacle ; son regard alors se fixait avec amour et reconnaissance sur l'autel et son cœur débordait d'une joie ineffable. Toujours elle faisait les communions accordées par la règle et se serait fait un scrupule d'en laisser une seule. Elle trouvait tant de bonheur à s'unir à son Dieu ! « Nous n'avons que cette consolation dans la vie religieuse, disait-elle à celles qui, par une crainte pusillanime ou par un faux jugement voulaient s'en dispenser ; allons à Jésus avec confiance , nous avons tant besoin de lui ! Vous vous plaignez d'être si mauvaises maintenant que vous communiez , que seriez-vous, mes filles, si vous ne communiiez pas ? » Naturellement sérieuse, elle était, nous le savons, d'une gaîté tout à fait aimable en récréation ; c'était pour elle un devoir et elle n'y manquait point, et savait, on ne peut mieux s'acquitter de ce point de règle si difficile quelquefois. Attachée à son emploi par l'esprit de foi qui l'animait, elle l'était surtout à ses chers malades ; aussi, dans certains moments , la plupart de ces pauvres créatures trouvaient des sourires reconnaissants à lui adresser, quelques-unes même avaient tant de plaisir à la voir qu'elles lui baisaient les mains avec de grandes démonstrations de joie. « Oh!

je sais, je sais, disait alors en souriant Mère Marie-Ephrem, et je comprends ce que vous voulez. » Et aussitôt elle distribuait à chacune quelques gâteries apportées. « Mes folles, disait-elle, mais c'est tout de bon que je les aime, et vous verrez qu'elles finiront par m'aimer un peu aussi. »

Rigide pour elle-même, Mère Marie-Ephrem était doucement tendre dans ses attentions pour les autres. Dès qu'une sœur se trouvait un peu fatiguée, elle la dispensait du jeûne, disant à ce sujet : « Sachons-le bien, notre santé ne nous appartient pas ; elle est à la Congrégation dont nous sommes toutes les membres, et nous ne devons rien faire qui puisse l'altérer et nous rendre plus tard un sujet inutile. » — « Vous vous forcerez un peu, répondait-elle à une sœur qui demandait quelquefois de laisser ses portions, quand on n'est pas malade, il faut manger, sans quoi on le devient. Je comprends que dans chaque repas vous fassiez une petite mortification, ceci je le veux et vous le devez, mais il ne faut pas qu'elle porte atteinte à votre santé ; c'est entendu et compris, n'est-ce pas? Notre grande mortification, à nous Hospitalières, c'est le travail, et pour pouvoir nous livrer à nos nombreuses occupations, il nous faut des forces. »

Jamais Mère Marie-Ephrem ne laissait dire à ses filles la moindre parole qui pût porter atteinte à la charité, cette vertu qu'elle aimait tant ; elle excusait toujours et ne condamnait jamais rien dans les autres. « Une parole que j'aime à me rappeler, et qui m'est toujours salutaire, est celle-ci : « *Ne jugez point, et vous ne serez point jugé.* » Oh ! oui, ne jugeons point, ne jugeons jamais, sachons disculper le prochain si on l'accuse, la chose est facile, et chaque fois que nous la faisons c'est une gracieuse petite fleur que nous offrons à Jésus, fleur qu'il respire en nous donnant un divin sourire !.... Méritons-le souvent !

Les rapports de la jeune Supérieure avec Mère S$^t$ Eusèbe se continuèrent doux et fréquents. Le lien de leur mutuelle affection était un de ceux que Dieu forme lui-même et qu'il ne brise point : il survit à la tombe et brille au ciel dans tout son pur éclat. C'était toujours une fête, une bien grande fête pour ses filles et pour elle lorsque Mère S¹ Eusèbe venait les visiter, et la digne Assistante ne quittait jamais sa chère petite Communauté sans être émue. L'affection sainte, l'affection vraie, est un bien ponr l'âme ; elle la rapproche de Dieu plus encore et centuple, en quelque sorte, sa charité.

Tout allait donc pour le mieux, et chacune demandait intérieurement à Dieu la continuation d'un état de choses qui plaisait à toutes les les âmes et allait à tous les cœurs. L'horizon de cette humble et douce vie était pur, pas un seul nuage n'en assombrissait l'azur, le calme y régnait comme dans une belle soirée d'été quand son poétique silence n'est interrompu que par la délicieuse harmonie du chantre des bois, ou les sons plaintifs de la tendre Philomène ; on aime alors à respirer cet air frais et doux qui porte en nous un délicieux bien-être, on rêve, et les pensées errent avec charme dans le vague enchanteur de cette poétique scène, les heures coulent sans être comptées, on veut rester, on veut goûter ce repos bienfaisant; on sent qu'il nous échappe cependant ; le temps coule, en effet, le tard se fait, le spectacle du soir change, il a cédé son charme à l'aspect plus imposant d'une belle nuit. Le spectateur est le même, mais la scène a changé, et, avec elle, des impressions nouvelles, inconnues saisissent l'âme et l'élèvent à une contemplation plus haute ; ce changement subit, le spectateur pouvait le prévoir, mais il ne l'a point voulu, il l'a subi, accepté comme une conséquence naturelle de tout ici-bas, il s'est prêté aux circonstances, et comme le temps il marche vers le but et accomplit sur la terre la tâche plus ou moins sublime que le Tout - Puissant lui a imposée. Ainsi en est-il pour tous ici-bas. Ainsi en fût-il pour Mère Marie-Ephrem si heureuse dans sa petite Communauté.

C'était au commencement d'octobre de l'année 1858, Mère S$^{te}$ Victoire, alors Supérieure Générale de notre Congrégation, se démit de l'autorité, et choisit pour la remplacer Mère S$^t$ Eusèbe, dont elle connaissait le mérite et la capacité. Une fois à la tête de la Congrégation, la nouvelle Supérieure Générale n'eut qu'une seule pensée : le règne de Dieu dans les âmes da ses nombreuses filles et le bien de la Société. Peu de temps après son élection eut lieu la nomination de ses Assistantes, au nombre desquelles se trouve Mère Marie-Ephrem, dont elle connaissait mieux que personne la vertu vraie, les qualités solides, le dévouement à toute épreuve et la sincère affection. « Je l'ai proposée, disait-elle, pour le bien de la Congrégation ; je sais qu'elle le fera. » Ainsi la bonne Mère S$^t$ Jérôme avait dit vrai. Trois ans à peine s'étaient écoulés depuis la profession de sa bonne fille S$^r$ Marie Ephrem que, déjà, elle occupait une des premières charges de la Congrégation.

Ainsi Dieu agit avec ses saints, avec ses humbles, il les exalte parce qu'ils s'humilient.

## CHAPITRE XVI.

Mère Marie - Ephrem Assistante.

Le pâle soleil des derniers jours d'octobre éclairait de ses tièdes rayons la campagne, déjà moins belle et les arbres, en partie, dépouillés de leurs feuilles jaunies. Ce n'était pas encore, si l'on veut, la froide monotonie de novembre, avec sa bise glacée sifflant le soir dans les branches des sapins et des chênes, et faisant voler en tourbillons les feuilles mortes qui jonchent le sol. Non, l'air était encore doux, l'olivier conservait encore son fruit, et nos joyeux chanteurs n'avaient pas tous encore fui nos climats. La nature, à cette époque de l'année, revêt une sorte de charme qu'on ne sait trop définir et qui répand dans l'âme comme une douce jouissance. On aime à respirer l'air pur des derniers beaux jours.

C'était après le dîner, Mère Marie-Ephrem et ses filles prenaient leur récréation dans une des cours de l'établissement ; la gaîté ordinaire n'y régnait point ; ce n'était pas précisément de la tristesse qui se lisait sur la physionomie des sœurs, mais plutôt un regret, un regret qui serrait le cœur sans briser l'âme. Elles étaient heureuses, en effet, du choix de Mère S¹ Eusèbe, et comprenaient fort bien quel secours elle aurait dans Mère Marie-Ephrem, combien sa charge de Supérieure Générale serait, par ce précieux concours, allégée, adoucie, mais elles regrettaient uue amie, une mère, et pleuraient de ne pouvoir la conserver. « Allons, leur disait en souriant la bonne Supérieure, ceci n'est pas ce qu'on peut appeler précisément un départ, vous le comprenez très-bien, nous nous verrons toujours un peu ; vous restez mienne comme je reste vôtre. Je suis attachée à l'établissement, à vous toutes, à mes chères malades, je le sens vivement, croyez-le ; mais je donne tout cela à mon Jésus, puisqu'il me le demande, et plus encore que par le passé, je me remets moi-même dans ses mains divines pour tout ce qu'il voudra. » Et le soir de ce même jour elle dit adieu à ses filles et se rendit au Noviciat. Toutes les religieuses la reçurent avec le plus cordial empressement, et dès les premiers jours sa modestie, son esprit doux et conciliant, l'aménité de ses manières toujours polies, ses paroles agréables et bonnes lui attirèrent la sympathie générale qui s'accrut bientôt de tout le respect et de toute la vénération qui s'attache à la vertu. Agée seulement de 31 ans, Mère Marie-Ephrem était à même d'aider puissamment, dans sa noble et difficile tâche, la digne Mère S$^t$ Eusèbe. Son tact et son discernement, sa fermeté de caractère et son jugement bien connu, tout cela la rendait propre à la charge d'Assistante, qu'elle devait remplir si parfaitement, et la mettait à même de juger sainement toutes choses. La pénétration de son esprit s'accordait avec la longue expérience et le coup-d'œil d'ensemble de Mère S$^t$ Eusèbe.

Elles pouvaient très-bien se prêter un mutuel appui et agir de concert pour le bien général de la société qu'elles étaient appelées à diriger. Aussi l'énergique nature de Mère S$^t$ Eusèbe ne recula point devant les grands travaux que nécessitait l'accroissement de sa Congrégation. Nous savons avec quelle intelligence elle en a voulu, dressé et dirigé l'exécution. L'intimité bien connue qui régnait déjà entre la Supérieure générale et son Assistante devint plus grande, et leur commune affection s'accrut plus encore. C'était Mère Marie-Ephrem qui, le plus souvent alors, accompagnait Mère S$^t$ Eusèbe dans ses voyages, et c'est là surtout qu'elle montrait cet esprit doux et conciliant qu'elle a toujours possédé. Elle signalait tout doucement les abus qu'elle prévoyait pouvoir se glisser dans une maison, veillait à ce que les emplois fussent également distribués, s'informait avec une touchante bonté de la santé des sœurs, écoutait avec intérêt les réclamations qu'elles pouvaient lui faire, et ne les quittait point sans leur avoir dit quelqnes-unes de ces bonnes paroles qui vont à l'âme parce qu'elles sont affectueuses, et qui mènent à Dieu parce qu'elles sont de Lui. Jamais elle ne rebutait personne ; pour un caractère difficile et chagrin, elle avait une plus grande bonté. « Patience, disait-elle alors aux autres, patience, cette sœur souffre, sans doute, et il est si pénible d'être malade ! » Ou bien elle disait : « L'emploi de cette sœur est un peu fort, il lui donne beaucoup de peine, elle s'y dévoue avec un zèle admirable, et la peine fatigue, ne vous étonnez donc pas d'un peu de morosité dans son caractère. » Elle disait ensuite à cette même sœur : « Courage, mon enfant, supportons-nous nous-même, puisque nous voulons que les autres nous supportent, et que Jésus, le bon maître a, Lui, la tendre charité de nous supporter, de nous aimer. C'est quand tout pèse, tout ennuie, tout chagrine, que nous méritons ; ce n'est pas quand tout va sur des roulettes, comme on dit, et que Jésus et les hommes sont pour nous. » Ainsi faisait-elle avec toutes ses sœurs. Un an s'était à peine écoulé que, dans la Congrégation entière, on appréciait et aimait Mère Marie-Ephrem ; on parlait du bien qu'elle faisait.

Le 1er mars de l'année 1859, Dieu lui donna une douce consolation, sa sœur Céleste, en religion Sr St Antoine, fit ce jour-là sa profession religieuse. La joie de Mère - Marie Ephrem fut des plus vives. « Nous voilà toutes les deux pour toujours au bon Dieu, lui dit - elle en l'embrassant. Oh ! je suis bien heureuse ! Aimons bien notre saint état, faisons tout pour plaire à Jésus, ne nous épargnons pas à son service, ne soyons point généreuses à demi. » Tranquille du côté de sa sœur, elle l'était aussi des autres membres de sa famille, mais elle tremblait pour les jours d'Adolphe qui venait de quitter l'Afrique y laissant sa jeune femme et deux petits enfants, pour se rendre en Lombardie à la tête de son régiment qui devait se battre contre les Autrichiens. Il avait promis de passer par Aix à son retour, afin de venir embrasser celle qu'il n'avait plus revue. « Je pars colonel, écrivait-il à cette époque à, Mère Marie - Ephrem , qu'il aimait d'une tendresse particulière ; mais quand je te reviendrai , je serai général. » La bataille s'engage près de Magenta, non loin des bords du Tésin ; notre armée fait des prodiges de valeur , l'intrépide colonel signale partout sa bravoure, les Autrichiens sont écrasés, les Français , vainqueurs. Adolphe, nommé général sur le champ de bataille, expire quelques heures après, mortellement atteint d'une balle ennemie , en répétant le saint nom de Jésus et de Marie , ceux de sa femme , de ses enfants ; un autre nom aussi doux à son cœur erre encore sur ses lèvres mourantes et s'exhale avec son dernier souffle. Ainsi meurent les braves au champ d'honneur ! Ainsi leur mort glorieuse devant les hommes l'est aussi devant Dieu, quand, surtout comme Adolphe, ils ont été pieux, charitables et bons! Cette triste nouvelle , annoncée de suite à la famille Laure, est aussitôt transmise à Mère S<sup>t</sup>

Eusèbe qui en est atterée. « Quelle douleur pour Mère Marie-Ephrem, s'écrie-t-elle, mon Dieu, accordez-lui la force et le courage dont elle a besoin. » Et n'osant elle-même lui apprendre son malheur, elle charge de ce triste message Mère S$^t$ Jérôme, qui se rend aussitôt auprès de celle qui, devenue sa mère, n'en est pas moins encore et toujours *sa bonne fille.* Elle use de toutes sortes de ménagements, de tout ce que sa vive affection et sa profonde piété peuvent lui suggérer de tendre et de délicat. La mission était difficile, mais elle fut délicatement remplie. La triste nouvelle, d'abord vaguement pressentie, puis subitement devinée, fut reçue par la bonne et vertueuse religieuse avec une admirable fermeté, un héroïque courage !.. Laissant tomber sa tête dans ses mains, elle garde pendant quelques instants un morne et navrant silence, puis un profond soupir s'échappe avec effort de son cœur déchiré, alors ses larmes coulent abondantes et amères, sans qu'aucune plainte ne s'échappe

de ses lèvres. Sa peine était grande et douloureusement sentie ! Mais calme et résignée, elle va à la chapelle, se prosterne aux pieds de Marie, et dépose là, dans ce cœur maternel, toute sa peine, toute sa profonde douleur, et fait le sacrifice d'un frère chéri ! Le lendemain, elle avait repris ses occupations, mais on lisait sur sa figure pâle et tirée toute la souffrance de son cœur. « Oh ! j'ai bien souffert, disait-elle plus tard en parlant de celui dont elle regrettait si fort la perte. Dieu seul a pu savoir toute l'intensité de ma douleur ! mais je n'oublierai jamais les fortes consolations que j'ai puisées dans un livre dont je ne saurais trop recommander la lecture. » *(Le pied de la Croix* ou *les douleurs de Marie*, par le R. P. F. W. Faber). En effet, une main amie le lui avait alors délicatement offert. Elle y lut, avec une indicible consolation, ces paroles : « Il ne déplait pas à
« Dieu de voir pleurer ses créatures. Nous-
« mêmes, nous aimons parfois à voir pleurer
« ceux que nous aimons. Tout ce que nous

« conseille l'exemple de la sainte Vierge c'est
« la modération. » Et puis encore : « C'est
« dans la douleur que nous voyons Dieu le plus
« clairement. Jamais les nuages qui entourent
« son trône ne s'écartent autant qu'alors. Un
« chagrin considéré avec calme est en général
« une révélation. La douleur d'un saint n'est
« jamais gênante. Pour les autres c'est quel-
« que chose de doux, de noble et de beau ; ce
« n'est une croix que pour lui-même. » Et cette
autre pensée encore qu'elle avait écrite sur un
de ses petits cahiers pour pouvoir la méditer
quelquefois, parce qu'elle lui faisait, disait-elle,
un bien infini : « La douleur, pour être vraie,
« ne doit pas être comprise, Dieu seul le sait:
« il y a là tout un volume de consolation. »

Puis avec cette force d'âme qu'elle possédait
à un si haut degré, Mère Marie-Ephrem écrivit
à la jeune veuve une lettre dont nous regrettons
de ne pouvoir donner connaissance, où tous les
sentiments de son âme religieusement tendre et
affectueuse s'y trouvaient peints avec un tact

délicat et une sensibilité profonde. « Pauvres petits, disait-elle en parlant des enfants d'Adolphe, oh! je les aime plus encore maintenant et je les recommande plus que jamais à la divine tendresse de Celui que nous nommons chaque jour *Notre Père!* » Que n'éprouva-t-elle pas quand elle revit cette jeune mère et ses enfants que le frère aîné était allé chercher en Afrique pour les ramener à Hyères ; elle les pressa tendrement contre son cœur, et eut pour sa belle-sœur des consolations que peut seule donner la mère la plus tendre, l'amie la plus vraie.

Les occupations de Mère Marie-Ephrem ne souffrirent nullement de cet état de choses ; elle ne les négligea point, et se livra au travail avec tout le zèle dont elle était capable, aidant de tout son pouvoir la mère qui lui montrait tant de confiance et d'affection. C'était elle qui se trouvait chargée de la correspondance, elle savait si bien arranger toutes choses, que ses lettres aux religieuses, ses sœurs, faisaient toujours le plus grand bien à l'âme et procuraient au cœur un plaisir mêlé de douce jouissance. Elle aimait tant ses sœurs et savait si délicatement le leur dire ! Aussi, dans le courant du mois d'août 1859, elle écrivait à une jeune religieuse qui venait d'être nommée Supérieure :

« MA CHÈRE ENFANT,

« Notre Mère a reçu votre lettre, et il nous
« tardait d'arriver pour avoir de vos nouvelles.
« Je n'ai pas pu vous écrire plus tôt ; vous sa-
« vez qu'en arrivant il y a toujours pour nous
« une foule d'occupations que l'on ne peut
« renvoyer, et alors, chère enfant, votre let-
« tre a été mise à son tour de côté pour la
« réponse. C'est bien à contre-cœur qu'il
« a fallu prendre cette mesure, car *notre plus*
« *jeune, notre plus petit,* a toujours les mêmes
« droits à notre tendresse. Laissez-moi vous
« le dire tout bas, ma chère enfant, je vous

« aime encore plus, je ne puis m'empêcher
« de vous dire que votre obéissance aveugle,
« votre soumission et votre bonne volonté
« vous ont rendue plus chère à nos cœurs. Si
« jamais votre affection pour nous a paru dans
« toute sa force, dans tout son éclat, c'est
« bien au moment où vous avez accepté, pour
« l'amour de Jésus, le fardeau qui est tombé
« sur vos jeunes épaules. Jésus récompensera
« votre foi, chère enfant, et votre confiance en
« Lui produira les plus heureux effets dans
« votre petite Communauté.

« Soyez toujours pleine de courage, confiez
« à votre excellent Curé toutes vos peines. La
« besogne marchera toute seule, Jésus la gui-
« dant toujours.

« Adieu, mon enfant chérie, comptez sur
« toute ma tendresse de mère.

« St Marie Ephrem. »

Puis, plus bas, on lisait : « Il faudrait nous avertir bien vite si vous étiez malade. »

Les quelques lettres qui m'ont été remises, et que j'insère avec tant de plaisir dans ces pauvres pages, feront mieux connaître encore celle dont j'esquisse si imparfaitement la vie.

## CHAPITRE XVII.

**Mère Marie-Ephrem remplit à la fois les deux charges importantes d'Assistante et de maîtresse des Novices.**

Le temps passe, s'écoule, emportant dans sa course rapide les joies et les peines de la vie ; ces dernières seules, noblement supportées, laissent, comme certains astres errants, une traînée de lumière après elles : lumière à la lueur de laquelle le cœur éprouvé découvre Dieu, et le voit plus clairement. L'âme religieuse avance aussi dans la vie, et chaque année qui s'écoule la rapproche de son Dieu ; sa vertu plus épurée devient aussi plus solide et son mérite est plus grand.

Les importantes et absorbantes occupations de Mère Marie-Ephrem ne l'empêchaient point de travailler sérieusement à l'avancement de son âme comme elle travaillait à celui des autres.

Mère S¹ Eusèbe l'avait chargée en partie de la direction des professes du Noviciat. C'était donc Mère Marie - Ephrem qui les voyait à des époques fixes et leur donnait ces conseils maternels qu'elles aiment encore à se rappeler et à suivre. Elle avait un talent particulier pour parler de Dieu ; ordinairement elle disait peu, mais ce peu même était beaucoup, tant il était senti et pratiqué ; elle puisait sa piété douce et tendre dans son amour pour Jésus, dans l'Eucharistie et dans sa grande dévotion envers la sainte Vierge. Sa grande humilité la tenait un peu dans la crainte. « Je n'ose pas l'avouer, disait - elle parfois à Mère S¹ Eusèbe, mais j'ai un peu peur du bon Dieu, pas toujours cependant. » Aussi ne se permettait-elle jamais rien de ce que sa conscience pouvait lui reprocher comme volontaire. Elle avait, nous le savons, une nature aimante et profondément sensible, mais elle savait toujours se modérer et être maîtresse de ses impressions. Ceci joint à une réserve de paroles qui lui était naturelle, la

faisait paraître un peu froide, du reste toujours gracieuse et bonne, mais d'une réserve toujours digne, elle ne donnait pas ostensiblement de grands témoignages d'affection. « Je sais aimer, aimer beaucoup, disait-elle parfois dans l'intimité, mais je ne sais pas le dire. » Oui, elle ne savait pas le dire en paroles, mais elle savait l'écrire, le prouver et le laisser délicatement deviner. Elle écrivait un jour les lignes que voici : « Il est vrai que je reçois des
« lettres bien souvent, elles sont toutes parfu-
« mées de la plus tendre et de la plus sainte
« affection, mais j'ai toujours le temps d'y ré-
« pondre. Jamais je ne me fatigue auprès de
« ceux que j'aime. Je trouve toujours le moyen
« de leur dire mon affection : rien ne m'est
« plus doux.... Si on voulait de moi de belles
« phrases harmonieuses, ce serait un travail
« au-dessus de mes forces : c'est la part de
« l'esprit ; je me réserve celle du cœur. Je
« reçois et je donne toujours avec une nou-
« velle jouissance ! Heureuse de vous rencon-

« trer dans ce *courant* si fort et si pur et de
« vous y *retenir*. »

Pour notre Mère Générale (Mère Sᵗ Eusèbe), Mère Marie-Ephrem était une fille et une mère. Une fille pour son obéissance aveugle, sa soumission de tous les instants, sa respectueuse affection et son dévouement sans bornes ; une mère pour la sollicitude et les soins dont elle entourait sa supérieure. Mais mère surtout, oh ! disons-le, sous un rapport plus intime et plus doux. Oui, c'est là le côté mystérieux et sublime de sa délicate mission sur la terre.... Mais, n'y touchons pas, laissons-le dans l'ombre comme elle l'y a laissé elle-même pendant sa vie. C'est là ce mérite caché qui l'a faite si grande devant Dieu ! Respectons son silence. Il y a des secrets qui ne se dévoilent point à la tombe : secrets intimes de l'âme que les vierges de la terre emportent au ciel, en laissant ici-bas toutefois le pur arome qui s'en échappe pour embaumer le souvenir !

Quelques années s'écoulèrent ainsi, toutes

sous les yeux de Dieu et doucement calmes pour l'âme profondément religieuse de Mère Marie-Ephrem. Professes et Novices l'aimaient également. Ces dernières avaient avec elle peu de rapports, cependant elles aimaient à recevoir de la jeune mère assistante un bienveillant sourire, une douce parole, un gracieux bonjour. Ce sentiment de respectueuse affection n'était-il pas l'avant-coureur de cet amour filial dont elles l'ont entourée plus tard quand elle devint leur Mère.

A cette époque, une religieuse que Mère Marie-Ephrem aimait beaucoup, remplissait les délicates fonctions de Maîtresse des Novices, mais d'une santé frêle, ses forces diminuèrent peu à peu, et elle tomba gravement malade. Mère Marie-Ephrem fut pour elle remplie de prévenances et d'attentions ; elle la remplaça auprès des Novices et leur consacra tous les instants que lui permettait sa charge d'Assistante. « Ne vous inquiétez pas, lui disait-elle, rien ne souffre, je suis là et j'y reste jusqu'à ce qu'il plaise à Jésus de vous guérir, ce que je le prie de faire bien vite, si toutefois c'est sa volonté sainte. » Mais la maladie prit un caractère alarmant, et le 29 avril 1862, mourait, bien jeune encore, mais pleine de mérites devant Dieu, Mère S<sup>t</sup> Anastase, vivement regrettée de toutes les religieuses qui avaient pu apprécier ses vertus, et pleurée surtout par ses dignes supérieures. Mère Marie-Ephrem partagea la douleur commune et sentit vivement cette perte ; elle fut surtout délicatement bonne pour le Novices. « Pauvres enfants, leur disait-elle, je comprends vos larmes, et je partage vos regrets ! » Peu de jours après, au commencement de mai, notre Mère générale lui confia l'emploi de Mère S<sup>t</sup> Anastase ; elle devenait ainsi la mère de celles qu'elle appelait déjà ses enfants. Ce choix ne pouvait être plus heureux. On sait comment Mère Marie-Ephrem a rempli sa noble tâche de Maîtresse des Novices qu'elle a conservée jusqu'à sa mort. Seulement ses occupations, ainsi plus nombreuses, devaient absorber tous ses moments. Une partie de la correspondance lui fut enlevée, mais elle faisait encore un grand nombre de lettres, soit pour les affaires de la Congrégation, soit pour ses nouvelles filles, nous citerons quelques-unes de ces dernières ; elles diront mieux que nous ne saurions le faire l'esprit qui l'animait. Mais disons avant ce qu'elle fut pour ses novices et comment elle savait les former aux vertus religieuses. Elle les aima d'abord d'une affection toute maternelle, et pria Marie de vouloir bien être, elle-même, la mère du petit troupeau choisi qu'on venait de lui confier, et chaque jour, devant Dieu, elle tâchait de se bien pénétrer de l'importance de ses fonctions. « Je suis bien pauvre moi-même pour donner aux autres, disait-elle, mais, mon Dieu, je puiserai dans votre cœur tout amour des paroles de paix et de charité, et je me plongerai moi-même, chaque jour, dans cet océan de grâces afin d'être entre vos mains un instrument plus docile, plus humble, et moins impropre à l'importante mission que vous voulez bien me confier. » Chaque matin, après la sainte Messe, quand elle avait offert à Dieu ses actions de la journée, elle récitait avec dévotion et ferveur la prière que voici :

« Seigneur, Dieu des vertus, je sens toute
« l'importance de mon emploi, mais j'en sens
« aussi toute la difficulté ; plus je rentre en
« moi-même, plus j'y perçois que je ne suis
« propre qu'à gâter votre ouvrage. Hélas ! j'a-
« vais déjà bien assez de ma pauvre âme, faut-il
« que je me trouve chargée de celle des autres ;
« faut-il que ma langueur et mon incapacité
« arrêtent les progrès que ces jeunes plantes
« auraient faits sous la direction d'une plus
« capable de les cultiver. Ah ! Seigneur, ne le
« permettez pas... Venez à mon aide, soyez
« le premier, l'unique maître de la mère et des
« enfants. Donnez-moi quelque portion de cet
« esprit de sagesse, d'intelligence, de docilité
« que vous demandait Salomon pour conduire
« son peuple. Répandez votre bénédiction sur

« le petit troupeau et sur la faible bergère qui
« est chargée de sa conduite. » Ainsi soit-il.
Puis, avec courage, elle se mettait à l'œuvre.
« Mes enfants ont les yeux sur moi, disait-elle
souvent, je ne dois point l'oublier, m'observer
plus encore et tâcher de devenir sainte, si je
veux leur faire réellement un peu de bien. »
Inutile de rentrer ici dans les détails intimes
concernant le travail de cette âme pour sa propre sanctification. Ce qu'elle exigeait des autres,
elle le pratiquait la première avec toute la perfection possible.

Chaque jour elle réunissait ses Novices pour
leur faire ce qu'on appelle le *Noviciat*, c'est-à-dire que, pendant une heure, elle leur expliquait la règle et les initiait à la pratique des
vertus religieuses. C'est dans ces entretiens
familiers qu'elle montrait, sans s'en douter, sa
solide vertu et les trésors de grâces dont Dieu
avait enrichi sa belle âme.

« Que votre première pensée, le matin en
vous éveillant, soit pour Dieu, mes enfants, leur

disait-elle, puis adorez-le à genoux au pied de votre lit et consacrez-lui votre journée tout entière ; en vous habillant faites avec dévotion et piété les prières prescrites pour chaque vêtement ; dès que la cloche sonne, descendez promptement à la chapelle, adorez profondément, en y entrant, Notre Seigneur dans son saint tabernacle, faites votre prière avec la plus scrupuleuse attention, ne vous arrêtant volontairement à aucune distraction, mais les repoussant toutes avec une exacte fidélité ; écoutez ensuite avec attention la lecture du point de méditation et faites l'oraison en la manière que je voui ai enseignée. N'oublions jamais les actes préparatoires, mes enfants, ils aident beaucoup à faire avec fruit ce salutaire exercice ; mettez-vous en esprit aux pieds de Notre Seigneur, et là, sous son divin regard, toujours doux et tendre, considérez combien peu vous méritez la faveur qu'il vous accorde de vous entretenir avec lui ; reconnaissez humblement votre indignité ; demandez-lui pardon de toutes les fautes que vous commettez avec tant de facilité tous les jours, puis faites un acte de confiance et croyez que Jésus vous pardonne vos ingratitudes dès l'instant que vous avez le ferme vouloir de ne plus l'offenser. Si le souvenir de vos péchés vous donne une trop grande crainte, surmontez-la par un excès de confiance et d'amour. Mais cette crainte vous fatigue, elle vous peine, elle vous porte au découragement? oh! hâtez-vous, dans ce cas, mes enfants, de considérer Notre Seigneur comme un bon ami, un tendre père et, avec une sainte hardiesse, je dirai mieux, mes filles, avec l'abandon de l'enfant, posez alors votre tête alourdie sur ses genoux divins, et là, osez tout lui dire, tout lui avouer de ce qui vous peine, tout lui promettre, et tout espérer de sa tendresse. Il fait si bon près de son cœur! O mes enfants, vous goûterez un jour toute sa tendresse, et alors seulement vous saurez tout ce qu'il a été pour nous sur la terre. Mais quelquefois l'heure nous surprend dans ce doux repos ou ce délicieux entretien, avant de nous retirer, demandons bien vite pardon à Jésus de ce qui aurait pu l'offenser encore pendant cette demi-heure ; prenons une résolution pratique, et toujours un bouquet spirituel qui nous serve d'aspiration pendant la journée, puis retirons-nous tout doucement, mes enfants, emportant Jésus dans notre cœur.. Gardons avec un soin extrême sa douce présence, elle nous excitera d'abord à bien réciter nos petites heures, à assister à la messe avec dévotion, et à bien faire toutes les actions que nous lui aurons offertes durant la sainte messe. Les actions, mes enfants, offrez-les toujours à une intention particulière. Oh ! oui, soyons bien fidèles à ne pas faire la plus petite prière sans y mettre une intention, nous la ferons toujours mieux alors. Dans la journée, observez rigoureusement le silence, ceci, je vous le recommande expressément, mes enfants, descendez souvent dans votre âme pour y converser un peu avec votre Jésus ; ne l'en chassez jamais par une grave infidélité. Si cependant ce malheur vous arrivait, réparez-le bien vite par un vif repentir et une profonde douleur.

« Nous tombons souvent dans la journée, notre pauvre nature est si faible ! Ne nous étonnons pas de nos chutes, mais relevons-nous bien vite par un acte de contrition et un acte d'amour que nous ferons de tout notre cœur, puis remettons-nous à l'œuvre avec courage, sans plus songer à notre sottise quand la pensée peut nous décourager. Quand vous avez un petit moment libre dans la journée, allez, mes enfants, allez bien vite le passer devant Jésus ; il est sensible à cette visite ds ses amis ; il n'aime pas à être délaissé de nous. S'il consent à passer au milieu de nous sa vie eucharistique, ne lui dérobons pas les courts instants que nous pouvons lui consacrer. Dites bien toujours votre petit office de la S$^{te}$ Vierge, et toujours aussi proposez-vous une intention particulière. N'oubliez pas que nous faisons, en le récitant, l'office des anges dans le ciel. Et puis, nous sommes unies à l'Eglise, nous prions avec elle et comme elle. Que de grâces nous pouvons ainsi obtenir, et nous obtenons en effet !.. En rappelant, durant la journée, le bouquet spirituel, et la résolution du matin, pensons à notre méditation du soir ; préparons-nous - y par un plus grand recueillement. Jésus, je vous l'ait dit bien des foîs, n'aime pas le bruit, il se plait dans le calme et le silence. Si nous nous dépensons en paroles, en tumulte, il fuira, et nous serons privées de sa douce présence. Le soir, n'oubliez jamais de vous examiner sur la manière dont vous avez passé la journée, et comment vous avez rempli vos devoirs envers Dieu et le prochain et ceux de votre emploi ; puis, faites du fond de l'âme un acte de contrition pour obtenir le pardon des fautes que vous pouvez avoir à vous reprocher. Ne quittez point la chapelle sans demander la bénédiction de Notre Seigneur et sans placer votre cœur dans celui de Marie, pour veiller, pendant la nuit, près de celui de Jésus dans le tabernacle. Après avoir fait, en vous déshabillant, les prières marquées dans la Direction, repassez doucement dans votre esprit le sujet de méditation pour le lendemain, prévoyant d'avance le fruit que vous vous proposez d'en tirer. Livrez-vous doucement ensuite au repos ; prenez-le par obéissance, il sera méritoire, et offrez à Jésus, avec votre sommeil, toutes les pulsations de votre cœur, afin qu'il les accepte comme autant d'actes d'amour. Si vous vous éveillez pendant la nuit, ce qui ne doit pas vous arriver souvent, mes enfants, à votre âge on dort si bien et de si bon appétit ! si cependant cela vous arrivait, élevez alors bien vite votre cœur au bon Dieu. »

C'est ainsi que Mère Marie - Ephrem voulait que ses Novices passassent leurs journées. Nous verrons, dans les chapitres suivants, les autres conseils qu'elle lui donnait relatifs à leurs emplois et au bien de leurs âmes. Cette précieuse semence, qu'elle déposait ainsi dans les âmes sous les regards de Jésus et de Marie, devait produire des fruits de vertus bien doux au cœur du bon Maître, et tout-à-fait méritoires pour celle qui, nous l'espérons, jouit au ciel de tout le bien qu'elle a fait sur la terre.

## CHAPITRE XVIII.

Comment Mère Marie-Ephrem dirigeait ses Novices,

Mère Marie-Ephrem ne voyait pas seulement ses Novices pendant l'heure du Noviciat ; elle les gardait encore chaque jour à la récréation du soir , et se privait rarement de ce qu'elle appelait son plus doux plaisir. Oui, elle aimait, cette bonne Mère , à se voir entourée de ses nombreuses filles ; pour toutes , indistinctement, elle avait toujours un sourire, une bonne parole, une délicate attention. Aussi dès qu'elle paraissait au milieu d'elles , tous les fronts s'épanouissaient, la joie la plus vive se lisait aussitôt sur toutes les physionomies, et le nom mille fois répété de : *ma mère* , se faisait entendre. « C'est ma mère, se disait-on, voici ma mère , bonjour ma mère... Pendant l'été , la joyeuse phalange des voiles blancs et des bonnets noirs (novices et postulantes), se hâtait d'entourer ma mère. On se promenait avec bonheur dans la campagne. C'était l'allée de la Salette que l'on prenait d'abord de préférence, et arrivées à la gracieuse petite grotte qui la termine d'une façon tout-à-fait pittoresque, toutes d'un élan spontané saluaient par un chant pieux la statue vénérée de Marie formant groupe avec les deux bergers ; puis on se mettait à genoux, on récitait l'*Ave Maria,* et après maints baisers tour à tour adressés à Marie, le joyeux troupeau se dirigeait du côté des pins et se rendait quelquefois au bosquet ; de francs éclats de rire, répétés par l'écho du soir, redisait au loin la joie de ces jeunes cœurs. Mère Marie-Ephrem était heureuse au milieu de ses filles, un sourire bien doux illuminait sa physionomie d'ordinaire pensive et sérieuse. « Amusez-vous, mes enfants, oui, amusez-vous, leur disait-elle, votre gaîté réjouit mon cœur et me fait du bien à l'âme. On fait plaisir à Jésus et à sa mère quand on fait comme il faut la récréation. Souvent elle ne pouvait répondre à toutes les questions qui lui étaient faites, alors une lutte charmante s'établissait. « O ma mère, vous ne m'avez rien dit encore, » disait l'une ; « et moi, disait une autre, je n'ai pas eu votre gracieux bonjour, j'ai cependant répété si souvent le mien. » «Et ma charade, ajoutait une troisième, je suis sûre, ma mère, que vous n'avez pas songé encore à la deviner, » etc. etc., et un rire joyeux et répété accueillait d'ordinaire toutes ces réclamations auxquelles Mère Marie-Ephrem s'empressait de faire droit. « Comment, disait-elle en souriant, mais je suis donc bien en retard avec mes réponses, voyons, combien en dois-je? une, deux, trois, etc., » et la gaîté devenait plus vive encore. Mais souvent aussi la cloche arrêtait tout à coup sur les lèvres bien des mots commencés qu'achevait alors le sourire approbateur et silencieux de la bonne maîtresse. Durant la saison d'hiver ces récréations avaient aussi leurs charmes ; elles avaient lieu dans la grande salle d'ouvrage. On entourait ma mère, on riait, on causait, on parlait du bon Dieu, on chantait quelque pieux cantique, on racontait un fait, un trait édifiant ; l'esprit, toujours, trouvait là un délassement agréable, et l'âme, une sorte d'aliment.

Deux fois par jour, vers le milieu de la matinée et de l'après-midi, les Novices pouvaient aller dans le cabinet de Mère Marie - Ephrem pour lui demander leurs permissions ; outre cela elles pouvaient y aller chaque fois qu'elles avaient une peine quelconque. C'est là que la patience de cette bonne Mère était mise à l'épreuve. Le plus souvent occupée de son courrier, d'affaires importantes, elle recevait néanmoins toujours gracieusement et avec la plus excessive bonté celles qui venaient l'interrompre, et on l'interrompait souvent dans le seul espace d'une heure. Jamais alors le moindre signe d'impatience ou de mécontentement ne se lisait sur sa physionomie. Que faisait-elle ? elle quittait sa plume, écoutait ce qu'on lui disait, y répondait par une parole encourageante et bonne, puis se remettait tranquillement à écrire. Mais la porte s'ouvrait de nouveau, même patience, même douce réponse, et ainsi en était-il tous les jours et à tous les instants. « J'ai compté, disait-elle un jour en souriant, dans l'espace d'une demi-heure, on a ouvert 20 fois la porte. » Et quand on lui demandait comment toutes ces interruptions ne la forçaient pas parfois à se fâcher un peu, elle souriait doucement. « Lorsque j'ai été nommée Supérieure, nous disait-elle à ce sujet, j'ai éprouvé surtout de la peine pour mon vœu d'obéissance que je croyais ne plus pouvoir pratiquer comme il faut. Oh! que je me trompais, mes pauvres enfants, au lieu d'obéir à une seule personne, j'obéis maintenant à tout le monde. Ainsi en est-il pour nous Supérieures, toujours nous obéissons aux circonstances, aux différents caractères de nos filles, à une foule de choses imprévues que nous sommes le plus souvent obligées d'accepter et de subir. En cela nous faisons la volonté de Dieu, et nous pratiquons notre vœu d'obéissance. » Tous les quinze jours elle voyait aussi chacune de ses novices en particulier ; elle lisait si bien dans les âmes, y pénétrait si délicatement, qu'on ne craignait nullement de lui avouer ces mille petits riens incompatibles à la vie religieuse, qu'on ne sait comment appeler et qu'elle redressait si vite avec un tact si maternel. « Il faut savoir inspirer la confiance, l'attendre, disait-elle, mais la demander, jamais, quoiqu'il soit bon parfois de l'aider un peu dans certaines natures peu aptes à s'ouvrir et qui ont cependant le désir de se faire connaître ; mais on doit, dans cela, prendre des précautions infinies et agir avec la plus grande délicatesse. » Tout doucement, elle encourageait, soutenait et guidait les premiers pas de ses novices dans la vie religieuse. Ces premiers pas si difficiles surtout pour quelques-unes, si pénibles, faits dans une complète obscurité spirituelle et desquels cependant dépend souvent tout un avenir religieux. « Je ne vous cacherai point les épines de la route, leur disait-elle, oh! non, mes enfants, je veux vous les laisser voir toutes; dans les commencements, je les émousserai cependant avec toute ma tendresse de mère, mais ceci je le dois à votre faiblesse ; plus tard, je les laisserai vous piquer. Il arrivera aussi que les cailloux du chemin blesseront et déchireront vos pieds ; mais ne faut-il pas que vous appreniez à souffrir quelque chose pour Jésus : la fatigue rend fort ; après une lutte énergique suit d'ordinaire l'abattement, mais il dure peu ; le courage renaît plus fort dans l'âme après le combat et on marche plus longtemps.... Je ne dis pas que parfois je n'essuie la sueur de vos fronts, ni que je vous aide à marcher. O mes pauvres enfants, je le ferai chaque fois que le bien de votre âme le réclamera et que la vie vous semblera trop amère. Il est sur, la terre, de ces jours de noire tristesse et d'ennui ! Vous êtes jeunes encore, mes enfants, mais aussi Dieu vous a donné une mère, sachez-le bien, vous la trouverez toujours dans vos fatigues, vos défaillances, vos ennuis !.. Et puis, quand vous serez professes, oh! alors, mes enfants, c'est Jésus qui fait tout, et votre mère vous dira de le laisser faire toujours, de ne pas gâter son ouvrage en voulant agir selon vos goûts. »

Elle leur donnait de petites pratiqnes et exigeait qu'elles lui rendissent compte de leur fidélité à les suivre. « Ayez soin, leur disait-elle encore, de faire chaque jour un certain nombre de mortifications, sans quoi on ne réussit pas dans l'oraison. Que chacune de vos communions serve de préparation à l'autre; préparez-vous-y toujours avec le plus grand soin, et ne manquez jamais de choisir, dès la veille, un titre pour recevoir Notre Seigneur. Préparez-vous à la confession toujours d'avance; donnez quelques minutes à la recherche de vos fautes, et le reste du temps employez-le à vous exciter à la contrition. Demandez-la à Dieu cette contrition par l'intermédiaire de Marie. Rappelez-vous aussi cette parole de Sainte Thérèse : *Une religieuse doit toujours être prête à se confesser, à communier, à mourir*, et pour cela soyez très-humbles. *L'humilité*, dit Faber, *c'est le parfum de Dieu, c'est le parfum que laisse après lui Celui qui ne peut s'humilier parce qu'il est Dieu. C'est l'odeur, la marque, le règne que le Créateur laisse sur la créature quand il l'a pressée un moment.* Vous ne comprenez pas encore tout ce que renferment ces paroles ; gardez-les toujours, vous saurez plus tard les méditer avec fruit. »

Si Mère Marie-Ephrem était pour ses novices mère dans toute l'acception du mot, ces dernières lui portaient, en retour, la plus vive tendresse filiale ; elles prévenaient et devinaient ses moindres désirs. Mère Marie-Ephrem souriait à leur bonne affection, mais elle n'aimait pas trop pour elle-même l'empressement et surtout le laisser-aller trop mou dans l'expression d'un sentiment affectueux. « Aimez fortement, mais saintement, mes enfants, je le veux, leur disait-elle ; ayez le cœur grand ; noble et fort ; ne cherchez jamais la sympathie ni les marques d'affection ; vous êtes maintenant les fiancées de Jésus, nourrissez vos âmes du seul amour du bon Maître ; ne cherchez en rien la créature ; croyez-le, elle nous cache Dieu plus qu'elle nous le montre, et puis vous savez ce qu'il est dit : *Prêtons - nous aux hommes et donnons-nous à Dieu.* »

La sensibilité dans une âme lui plaisait, mais elle exigeait qu'elle fût contenue dans de justes bornes : « Sentez vivement, disait-elle encore, il n'y a aucun mérite à ne pas sentir ; mais sachez maîtriser votre peine et évitez surtout de l'imposer aux autres, soit par vos paroles, soit par votre humeur; qu'elle ne dégénère jamais en susceptibilité : « Sans quoi, dit Faber, vous vous rendriez insupportables, et il est difficile de dire dans ce cas si on l'est plus pour les autres que pour soi, » et il ajoute : « Nous devons nous mettre rondement et sans miséricorde à mortifier la susceptibilité, il faut travailler jour et nuit. La sensibilité, dit-il encore, tend toujours à l'égoïsme. » Mais plus loin il ajoute ceci qui vous consolera : « *Par la sensi-*

*bilité nous sommes capables de correspondre à la jalousie de Dieu, ce cachet de la sainteté, si profondément marqué dans toute sa conduite sur les âmes qui aspirent à la perfection. La sensibilité détruit en nous la mondanité en nous montrant sans cesse combien nous sommes peu faits pour le monde ayant la souffrance pour privilége, elle nous fait languir dans notre exil, tout en nous procurant des joies qui en sont les meilleures consolations naturelles* Plus loin il ajoute encore : *Votre sensibilité la plus délicate n'est que grossièreté comparée à celle du Sauveur. Au jardin des Olives, notre doigt vint se poser rudement sur chacune des cordes vibrantes du Sacré-Cœur de Jésus et lui fit rendre les notes plaintives et profondes d'une douleur au-delà de toute intelligence. Jésus se replia comme la sensitive sous la honte dont nous l'avons couvert.* » (Faber, *Conférences*). Elle aimait à relire ces passages qui l'avaient le plus frappée, à les indiquer à ses filles, à les expliquer à celles qui pouvaient le mieux les comprendre et y trouver un aliment. Elle chérissait surtout dans ses filles la simplicité. « Vous ne pouvez croire, disait-elle souvent, ce que me fait au cœur la simplicité d'autrui ; je l'aime partout où je la rencontre et sous quelque forme qu'elle se présente ; elle a tant plu à Jésus sur la terre, et elle est si rare aujourd'hui. O mes filles, appliquons-nous à la pratique de cette belle vertu et je puis vous assurer, moi, qu'elle peut s'acquérir. »

Mère Marie-Ephrem avait indistinctement pour toutes ses novices la même bonté d'âme, et chacune d'elles en la quittant se croyait la plus aimée, la plus chérie ! Tant elle était délicate dans ses rapports avec toutes, tant elle veillait avec un soin constant sur ses moindres paroles, ses moindres actes. Elle soignait la santé de toutes ; veillait à ce qu'elles eussent tout ce que pouvait réclamer leur état ; mais elle ne les gâtait point et savait aussi fort bien distinguer de suite les solides vocations. « Parlez-moi de ces âmes qu'on peut faire avancer, disait-elle, et qui ne s'effraient point d'une direction un peu ferme ; celles-là sont capables, plus tard, d'une vertu solide ; elles ne retournent point du Calvaire ; elles y restent, s'y laissent crucifier avec Jésus. Voilà les véritables épouses d'un Dieu, voilà celles qui partageront un jour éternellement sa gloire ! »

C'était surtout à l'approche d'une profession que Mère Marie-Ephrem multipliait ses recommandations à ses filles. Elle disait souvent alors : « Oh ! je suis toujours heureuse d'accompagner mes enfants à l'autel ; c'est pour moi un bien beau jour que celui d'une profession ; mais je ne dirai pas qu'il soit tout-à-fait sans nuage. La haute dignité que Jésus vous confère, mes filles, m'effraie pour vous et pour moi ! Jésus est si grand et nous sommes si petites ; il est si riche, et nous sommes si pauvres ; il est tout, et nous ne sommes rien ; et nous devenons ses épouses. Les épouses d'un Dieu ! Oh ! soyons bien fidèles à veiller sur nous toujours ; il nous enveloppera de sa miséricordieuse tendresse, de tout son amour, et notre néant se confondra dans son immensité. Ne le contristez jamais ce bon Maître, supportez avec résignation les peines que vous pourrez avoir. Du reste vous ne serez plus seules : l'époux travaille avec l'épouse, ceci console et donne du courage. » Elle quittait peu ses chères novices de la profession et leur donnait tous les conseils nécessaires. Elle s'attristait aussi de leur prochain départ. « Pauvres enfants, disait-elle, comme je souffre déjà en pensant à notre séparation ; je me suis attachée à leurs âmes, je suis leur mère : et maintenant que nous nous connaissons, qu'elles me comprenaient, Jésus me les enlève. » Et des conventions de prières étaient faites et signées et une correspondance était entretenue entre la mère et les filles. On se retrempait dans les conseils maternels que portait une lettre, conseils toujours donnés avec la même tendresse, le même bon intérêt. A l'époque des retraites annuelles, on se revoyait avec une égale satisfaction ; de nouvelles résolutions étaient prises, de doux encouragements étaient encore donnés et Mère Marie-Ephrem continuait ainsi dans l'âme de ses filles tout le bien qu'elle y avait commencé. « Je n'oublie jamais mes enfants, disait-elle, et je ne les laisse jamais, je suis toujours leur mère, et elles sont toujours mes plus chères filles. » Dès qu'elle en savait une dans la peine, elle priait aussitôt, lui écrivait, l'encourageait et la reprenait doucement, si toutefois il y avait lieu. Aussi ne lui cachait-on rien ; les moindres faiblesses, les plus petites fautes lui étaient humblement avouées.

Une religieuse, un jour, avait donné quelque chose à faire à une de ses sœurs sans demander permission. Quand la chose fut faite, Jésus lui reprocha son oubli, et comme cette âme généreuse ne voulait pas contrister son Dieu, elle était tourmentée de sa désobéissance ; elle écrivit bien vite à Mère Marie-Ephrem pour s'en accuser. Une prompte réponse lui fut donnée ; elle contenait ces mots :

« Ma bonne petite,

« Il me faut de la bonne volonté pour trouver un moment à vous donner ; mais le cœur me ferait mal de vous laisser dans la peine. Je ne vous cacherai pas, mon enfant, l'émotion pénible que j'ai eue en lisant votre sottise, je ne m'y attendais pas. Cependant votre franchise, votre ouverture de cœur m'ont consolée ; j'ai compris que puisque vous vous êtes avouée coupable, c'est que vous êtes bien disposée à mieux faire et surtout à vous montrer bien religieuse. Vous avez fait, mon enfant, la triste expérience de ce que vous valez ; humiliez-vous profondément et servez-vous de cette première chute pour vous prémunir contre les autres. Vous avez été infidèle à Jésus, il faut que ce souvenir soit comme un continuel excitant au bien pour réparer le mal. Ne faites jamais plus rien sans permission, et pour votre pénitence vous témoignerez à ma sœur X... toute la peine que vous avez de lui avoir donné cette chose à faire ; vous ferez une amende honorable au Cœur de Jésus que vous avez blessé ; après cela n'y pensez plus. Jésus a tout pardonné à la condition que vous serez bien sage. Souvenez-vous de vos beaux jours tant que vous aimerez ce précieux souvenir, ce sera bon signe. Adieu, mon enfant, comptez bien sur toute ma tendresse de mère, je vous la conserverai toujours. Je vous bénis tendrement.

« Votre mère dévouée,

« S\u1d63 M.-Ephrem. »

Qu'ajouter après cette lettre, elle dit plus à elle seule que tout ce que je pourrais dire, ainsi en sera-t-il des autres missives que l'on rencontrera, elles nous diront le bien que faisait à ses filles absentes Mère Marie-Ephrem. Ce bien, Jésus seul le connaît entièrement ! — Pourquoi nous quitter si tôt, douce et bonne mère, la terre, sans vous, est devenue pour nous, plus triste encore. Vous veillez sur nous du haut du Ciel, nous dit-on, c'est vrai ; mais vous n'êtes plus là ! et le vide est affreux ! Oh ! bénissez-nous, aidez-nous à mériter le Ciel. Il doit être si doux !

---

## CHAPITRE XIX.

Mère Marie - Ephrem réélue Assistante. — Maladie de notre Mère Générale.

Les fortes chaleurs du mois d'août de l'année 1864 venaient de disparaître, laissant après elles les fraîches et agréables soirées si vivement désirées des premiers jours de septembre. La campagne, riche alors de ses nombreuses productions, étale partout et ses mille fruits savoureux, et ses superbes grappes dorées que l'on cueille si joyeusement à cette époque où chacun s'empresse d'aller dans les champs respirer la fraîche brise dont on a été si longtemps privé. L'écolier, la jeune pensionnaire prennent leurs folâtres ébats ne songeant nullement aux études qu'il leur faudra reprendre. Oui, on dirait que septembre offre à tous et joie et repos. L'habitant des campagnes, en effet, rentre alors tout heureux ses récoltes et ne songe nullement à la peine qu'elles lui ont données ; les communautés religieuses les goûtent aussi. C'est pendant le mois de septembre qu'ont lieu, dans les couvents, les retraites annuelles. Chaque religieuse alors est bien aise de retremper son âme dans le calme, le silence et dans des méditations plus sérieuses ; elle combine les gains et les pertes de l'année écoulée, revoit ses comptes devant le bon Maître, et se refait un peu l'âme qui commençait à languir. Ne nous étonnons pas, *la lassitude dans le bien existe aussi*. On reste alors plus longtemps avec Dieu, on écoute ses douces paroles, on prend de sérieuses résolutions, des pratiques, qui aident le bien de l'âme, et on prend aussi de nouvelles forces pour l'avenir. On revoit ses supérieures et on puise dans leurs conseils ces provisions salutaires pour les jours de disette spirituelle qui peut se faire sentir.

Cette année 1864 les Sœurs de Saint-Thomas appelées à la Maison-Mère pour la retraite annuelle, furent plus nombreuses encore à cause des élections qui devaient se faire pour nommer la Supérieure Générale, les six ans de Mère S$^t$ Eusèbe étaient écoulés, mais elle fut réélue d'un commun accord, et toutes ses nombreuses filles furent heureuses de lui promettre obéissance, et Mère S$^t$ Eusèbe, malgré son vif désir d'être démise de sa charge, dut s'incliner de nouveau sous la croix et accepter pour le bien général de la Société, le lourd fardeau de la supériorité. L'élection des Mères assistantes eut lieu peu de jours après, et Mère Marie-Ephrem, d'un commun accord, fut maintenue dans ses fonctions. Tout rentra bientôt dans le calme. La Maîtresse des Novices n'oubliait point ses devoirs d'assistante ; elle aidait de tout son pouvoir notre Mère Générale, et par ses soins, son précieux concours, son dévouement ses conseils d'amie et de mère !.. Elle lisait dans l'âme de celle qu'elle nommait sa bonne Mère, et y déposait, avec les consolations de l'amitié vivement sentie, ces mille riens délicats qui font aimer si fort sur la terre les êtres qui nous devinent et dont la forte tendresse nous sert de plus doux appui. Alléger le fardeau de notre Mère, adoucir ce que sa tâche pouvait avoir de pénible, lui épargner tout chagrin, tout ennui, c'était là son étude de chaque jour, et pour cela savons-nous ce qu'elle offrait à Dieu de prières et de sacrifices ? Oh ! non, nous ne le savons pas, les secrets de son âme étaient tout entiers pour Jésus. Nous, ses filles, nous respirions auprès d'elle le doux parfum des vertus religieuses que nous lui voyions si fidèlement pratiquer.

Plusieurs améliorations furent, à cette époque, introduites dans la Communauté, concernant entre autres le placement des novices et le temps qu'elles devaient rester dans les maisons avant leur retour au Noviciat. On décida aussi qu'il y aurait, chaque année, deux retraites, une pour les Supérieures et l'autre pour les inférieures, etc. Au commencement du mois de juin de l'année 1865, notre Mère Générale appela à la retraite annuelle toutes les Supérieures locales. Cette retraite, commencée avec tant de joie devait, hélas ! se finir bien tristement ; les sujets appelés furent obligés de retourner dans leurs maisons sans avoir vu notre Mère Générale, qui tomba gravement malade quelques jours après leur arrivée.

Les médecins ne précisèrent d'abord rien de dangereux, mais le mal se prolongeant, découvrit bientôt des symptômes vraiment alarmants. Notre bonne Mère était atteinte d'un épanchement. Pendant de longs jours, elle fut étendue sur un lit de douleur, luttant entre la vie et la mort. Mère Marie-Ephrem ne la quitta plus. C'était elle qui veillait à tout et qui avait pour sa mère ces mille attentions délicates qui donnent tant de prix au moindre rien ; elle qui, doucement agitait l'air quand la pauvre malade respirait avec effort ; elle encore qui soulevait, avec des précautions infinies, l'oreiller sur lequel reposait la tête endolorie de notre Mère, et qui essuyait, tout doucement, les gouttes de sueur froide qui ruisselait sur son pâle visage, et qui répondait à son regard triste et pensif par un affectueux sourire ; elle encore qui relevait, par des paroles pleines d'espérance, le courage abattu de cette énergique nature écrasée par la souffrance d'un mal aigu. Elle ne quittait pas sa chère malade, si ce n'est parfois quelques minutes pour voir un peu ses novices et les professes de la Communauté. Sa pâle figure nous disait alors toutes les angoisses de son âme. « Priez beaucoup, mes enfants, nous disait-elle ; oh ! oui, priez, notre Mère est bien malade et Dieu seul peut la guérir. » Elle écoutait ensuite, avec sa bonté ordinaire, ce qu'on pouvait avoir à lui dire, y répondait avec son aimable douceur et retournait auprès de la malade. La mal fut long, très-long, le courage de Mère Marie-Ephrem ne faiblit point ; plusieurs fois elle a eu relevé notre moral abattu par la triste position de notre Mère. Oui, elle savait nous donner du courage, alors que son pauvre cœur à elle était brisé. « Elle nous sera rendue, oui, mes enfants, espérons, nous disait-elle, Dieu a toujours récompensé une juste confiance, » et nous redoublions nos prières, et des neuvaines sans nombre se faisaient non-seulement dans nos maisons, mais encore dans beaucoup d'autres Communautés. Dieu semblait ne point vouloir se rendre à nos instantes prières, la malade n'allait pas mieux, et son moral, profondément abattu, semblait reculer encore sa guérison. Son regard interrogeait celui de toutes les personnes qu'elle voyait. « On me trompe, disait-elle à Mère Marie-Ephrem, venez vous qui ne m'avez jamais trompée ; oh ! dites-moi, ma fille, n'est-ce pas, je suis bien mal ? » — « Vous êtes malade, notre Mère, c'est vrai, mais nos prières et nos soins vous guériront, j'en ai l'intime confiance, pourquoi ne l'auriez-vous pas aussi, Dieu est si bon ! »

La tristesse la plus profonde régnait dans le Noviciat ; Mère Marie-Ephrem se multipliait et remplissait à la fois ses fonctions d'Assistante, de Maîtresse des Novices et de garde-malade, tout en s'occupant aussi de ce qui concernait la Supérieure Générale, et malgré ce surcroit, on la trouvait toujours d'humeur égale ; elle sut se montrer toujours digne, toujours grande, toujours forte dans l'épreuve. Ceci n'enlevait rien à l'intensité de la souffrance intérieure qui brisait son pauvre cœur constamment ballotté entre la crainte de perdre notre Mère et l'espérance de la conserver encore.

Un jour, notre Mère sommeillait un peu, profitant de ce moment de repos, Mère Marie-Ephrem se rend au jardin avec une religieuse : « faisons un bouquet, lui dit-elle, nous le porterons à Jésus pour notre Mère, » et pendant qu'elle cueillait les fleurs de grosses larmes coulaient silencieuses et précipitées. « Mère, pourquoi pleurez-vous, » lui dit la religieuse ? — « O ma fille, répond-elle, je pleure parce que tout est fini, et Dieu seul peut savoir ce que je souffre ; » et une expression d'inénarrable souffrance se peignit sur sa triste et pâle figure, puis elle retourna auprès de notre Mère, le sourire sur les lèvres et ne donnant plus aucune marque extérieure de souffrance ou de peine.

Le moindre air fatiguait la malade et cependant cette année les chaleurs étaient très-fortes. Mère Marie-Ephrem restait enfermée toute la journée, sans vouloir accepter le moindre soulagement, elle disait : « Oh! laissez-moi soigner ma mère, ce m'est un devoir consolant et doux ; je souffre moins de ses souffrances quand je suis auprès d'elle. » Mère S$^t$-Eusèbe ne pouvait aussi se passer des soins de sa fille bien-aimée ; nulle main n'était plus habile que la sienne à la panser, à arranger les couvertures de son lit, à ménager un petit jour dans l'appartement, à lui préparer une potion, etc. Après de longs jours d'une lente agonie pour toute la Congrégation, le mal sembla diminuer d'intensité et, peu de temps après, les médecins annoncèrent que la malade était sauvée ; mais la convalescence devait être longue et même dangereuse si l'on ne prenait des précautions.

Cette heureuse nouvelle nous fut donnée par Mère Marie-Ephrem. « O mes enfants, remercions Dieu, dit-elle, et ne cessons de lui témoigner notre reconnaissance pour la grande grâce qu'il a bien voulu nous accorder. »

Les médecins avaient dit vrai, la malade, dès lors, put rester plusieurs heures levée et supporter de faire sans trop de fatigue quelques pas dans l'appartement ; mais sa faiblesse était si grande qu'elle ne pouvait suivre le fil de la plus petite phrase, ni en saisir la pensée, tant lui était pénible et même impossible toute tension d'esprit. Tout était pour elle fatigue et ennui. On évitait avec le plus grand soin tout ce qui pouvait lui rappeler les affaires ; on ne visait qu'à pouvoir la distraire. Son état s'améliora, mais elle resta deux ans malade et dix-huit mois sans pouvoir sortir. Pendant tout ce temps, le dévouement de Mère Marie-Ephrem fut le même, de tous les instants ; quand on lui en parlait, elle répondait simplement :

« J'avais une mission auprès de notre Mère, il

m'a été salutaire et doux de la remplir ; chacune de vous, à ma place, en eût fait autant, j'en suis sûre, je connais les cœurs qui m'entourent, je sais s'ils savent aimer et se dévouer. » Ces mots, accompagnés d'un sourire, retombaient comme un baume dans notre cœur et rendaient plus doux encore ce sentiment de profonde affection que nous lui avons voué à toujours et qu'elle mérite sous tous les rapports.

L'air de notre chère solitude devint moins lourd, les sombres nuages avaient quitté notre horizon ; notre ciel était redevenu serein. La première fois que notre Mère parut en communauté au milieu de nous fut pour nous toutes un jour de bonheur et de vive joie ; on ne découvrait plus aucune trace de souffrance sur la physionomie de Mère Marie-Ephrem. « Je suis entièrement à mes enfants, à présent, disait-elle, oh! comme nous allons sérieusement travailler au salut de notre âme ! que de progrès nous allons faire dans la vertu ! Jésus nous a donné beaucoup, il faut que nous lui donnions aussi. » Elle se remit aussi à sa correspondance et le Noviciat redevint ce qu'il était. Quand une des professes de Mère Marie-Ephrem était amenée auprès d'elle soit par une peine ou un tout autre motif, oh ! alors, sans aucune contrainte, elle parlait de Dieu avec un touchant abandon. « Vous souffrez, disait-elle ; mais qui ne souffre pas sur la terre ; la douleur seule conduit au ciel ; elle est le réel de la vie, la joie n'est qu'une forme qu'elle emprunte et qui ne lui convient pas. Sans sacrifices l'âme n'aurait plus de vie. Sachons bien que c'est en ami que Jésus nous traite quand il nous envoie la souffrance ; imitons cette grande âme qui, dans les tristesses de l'exil, disait : « Je suis un corps lancé dans l'espace, ne sachant où poser le pied et ne voulant le poser nulle part, car j'ai prié afin que l'amertume fût répandue autour de moi et que mon cœur ne cherchât que bien haut le bonheur dont il a soif. » Ne craignez donc pas tant la souffrance, ma pauvre enfant, soyez un peu forte, il le faut, vous êtes épouse maintenant et vos devoirs sont devenus plus sérieux ; mais ils sont aussi plus faciles d'un sens, vous me comprenez ; et puis, après tout, pourquoi tant nous chagriner d'un rien. Ecoutez ce que nous disait au sujet de la vie de ce monde, il y a quelques années, un père nous prêchant une retraite : *La vie n'est qu'un éclair*, disait-il, *ou plutôt elle n'existe pas ; tout entière dans le passé ou l'avenir qui ne nous appartiennent pas, le présent est un point imperceptible. Le premier pas que nous faisons dans la vie est le premier pas vers la tombe. Un jour, le glas funèbre se fera entendre et ce sera pour moi, un jour, un cadavre sortira de cette maison et ce sera le mien. Ames religieuses,* ajoutait-il, *puisque la vie n'est pas, au lieu de ramasser avidement quelques lambeaux de jouissance échappés au monde, abandonnez-les ; vous n'avez pas le temps d'en jouir. Embrassez la mortification, vous n'aurez pas le temps de la sentir, car j'entends déjà la voix de la mort appelant sa victime.* N'est-ce pas, ma fille, que ces paroles sont vraies et renferment une salutaire leçon ? Oh ! oui, quand la souffrance nous peine, que l'ennui nous lasse et la douleur nous fatigue, pensons au jour de la délivrance dont chaque heure nous rapproche ; que nous serons alors heureuses d'avoir souffert quelque chose pour Dieu ! les joies auront passé, le mérite seul de nos souffrances bien supportées nous restera.

Une autre fois, une religieuse entre dans son cabinet : « Je vous dérange, ma mère ? — Non, mon enfant, pas précisément, ce que je fais peut attendre quelques instants, » et elle pose sa plume. « Je viens vous prier, ma mère, de me donner l'image promise, il y a déjà quelques jours. — Oh ! j'y suis, dit aussitôt Mère Marie-Ephrem, je l'ai choisie et mise de côté, la voici : *Jésus laissé seul au Jardin des Olives,* le sujet porte à la réflexion, j'espère, qu'en pensez-vous ? En regardant votre image, mon enfant, vous penserez que vous devez consoler votre céleste époux ; allez maintenant et aimons bien toutes les deux notre Jésus souffrant. — Oh! je n'emporte point l'image, dit la religieuse, sans que vous n'ayez écrit sur le petit espace laissé en blanc au-dessous de la prière. » Mère Marie-Ephrem prend l'image, la considère un instant en silence, puis attachant un long regard sur la religieuse : « Vous voulez que j'y écrive quelque chose, lui dit-elle, oh! non, mon enfant, pas aujourd'hui ; » et comme la religieuse insistait: « Je vais y mettre, dit-elle, ce que je me répète bien souvent à moi-même, et ce que je veux que vous vous disiez aussi, et elle écrivit : *mort, mort, mort à moi!* Tenez, ma pauvre enfant, lui dit-elle, vous l'avez voulu ; réfléchissez et agissez en conséquence. » C'est ainsi que Mère Marie-Ephrem agissait avec ses filles ; elle ne laissait passer aucune occasion sans les porter à Dieu ; aussi ses paroles produisaient le plus grand bien dans les âmes, et elles étaient un puissant stimulant. Quand on lui disait combien l'on enviait d'aimer Dieu comme elle, sa figure aussitôt devenait pensive et tristement elle répondait : « Je devrais être parfaite, tant mon emploi porte à la perfection, et Dieu sait si je le suis ! ô mes pauvres enfants ! Je puis dire moi aussi ces paroles : *Qui sait si en préchant le salut aux autres, je ne serai pas moi-même condamnée.*

Ce qui frappait en elle dans les récréations, c'étaient son humilité et sa charité ; jamais elle ne parlait d'elle, ni des siens ; et jamais aussi elle ne prenait part à une conversation où la charité pouvait être blessée ; la moindre ombre là-dessus la peinait, et son silence témoignait de sa peine. Que de bien elle nous a fait ainsi. Dieu seul le sait ! Comme elle travaillait sur elle ! qu'elle était édifiante et sainte religieuse ! Aussi la moindre de ses paroles allait à l'âme et la plus petite de ses observations était vivement sentie ! De quelle gloire ne doit-elle pas jouir au ciel. O ma mère ! n'oubliez point vos enfants !

## CHAPITRE XX.

Comment Mère Marie - Ephrem s'occupait de ses Novices placées dans les Maisons.

Nous l'avons déjà dit, et l'on a pu facilement s'en apercevoir, la charge d'Assistante de Mère Marie-Ephrem ne l'empêchait point de remplir fidèlement et parfaitement l'emploi de Maîtresse des Novices, qu'elle aimait du fond de l'âme. Elle était toute à ses filles ; quand elle disait à l'une : « C'est bien, vous me l'avez dit, maintenant restez tranquille, j'en fais mon affaire. » C'était, en effet fini, on n'avait plus à s'inquiéter, tout était bientôt arrangé. Elle était, nous le savons, généralement aimée. Quand elle s'apercevait qu'une novice l'aimait un peu trop naturellement, et qu'elle cherchait à se trouver toujours près d'elle, ou à lui donner quelques marques extérieures d'affection trop souvent répétées, elle en plaisantait d'abord la sœur tout en l'avertissant en particulier ; mais quand elle continuait, alors son air froid, indifférent et peiné, faisait comprendre à la jeune novice que ce n'était point cette conduite qui pouvait contenter sa mère, ni trouver le chemin de son cœur et le secret de se faire aimer. « Nous sommes venues en religion uniquement pour Dieu seul, disait-elle, rappelons-nous-le souvent. Si nous ne pouvons vivre sans les affections de la terre, nous devions garder les joies saintes de la famille. Dieu est un Dieu jaloux, il veut être aimé sans partage, ceci n'empêche point que nous nous aimions toutes en Lui. » Quand ses novices partaient pour les maisons, elle s'empressait de leur donner tous les avis nécessaires. Toutes ordinairement pleuraient beaucoup en lui disant adieu. « Vous ne me quittez pas, se hâtait-elle de leur dire, vous me reviendrez bientôt, et puis je suis toujours votre mère ; vous m'écrirez tout ce que vous faites, je l'entends ainsi, et je trouverai toujours,

je vous le promets, un moment pour vous répondre, vous encourager et vous gronder s'il y a lieu. Et puis nous nous reverrons, courage. »
Puis elle disait à chacune en particulier : « Soyez bien obéissante, rendez service à toutes vos sœurs indistinctement. Vous serez la plus jeune, eh ! bien, il faut aussi que vous soyez la plus prévenante, la plus dévouée, la plus complaisante, la plus petite, la plus humble et la plus gracieuse. Voyez le bon Dieu dans votre supérieure d'abord, et dans vos sœurs et dans tout. Ayez un grand esprit de foi, sans quoi vous ne serez pas religieuse. Ne vous mêlez jamais des emplois des autres sans un commandement de la Supérieure, mais offrez vos services gracieusement chaque fois qu'une de vos sœurs sera fatiguée. Je vous le répète, soyez la dernière de toutes et vous serez la première dans le cœur de Jésus. Ne laissez jamais vos petites pratiques du Noviciat ; rappelez-vous celles de l'Avent, du Carême, du mois de S. Joseph, du mois de Marie, du Sacré-Cœur, etc., ce sont autant de

moyens efficaces pour l'avancement de l'âme. Vous ne laisserez aussi jamais vos prières sans permission, en cela soyez scrupuleuse, je vous le permets ; sans la prière, l'âme dépérit et meurt. Ayez bien cet esprit religieux que j'exige de vous. Soyez la petite fleur parfumée transportée du parterre de notre Noviciat chéri pour embaumer celui de la Maison où vous vous rendez ; relisez de temps à autre les petites notes que vous avez prises, vos résolutions de la retraite du mois, et croyez, ma chère enfant, que tout cela, joint à la grâce du bon Maître et aux conseils de celle qui vous tient ici-bas la place du bon Dieu, tout cela, dis-je, vous aidera puissamment.

A une novice qui venait d'être placée pour la première fois dans les maisons, et qui se trouvait à la tête d'une classe assez nombreuse, Mère Marie-Ephrem écrivait :

« Votre lettre, ma chère enfant, n'a pu me
» donner que très-peu de détails, puisque vous

« entrez à peine dans la maison où Dieu vous
« a appelée. Je ne serais pas surprise que votre
« prochaine lettre eût à me porter l'expression
« de votre peine, car au début il faut en avoir
« toujours, surtout dans l'enseignement. Je
« vous ai prévenue en vous recommandant de
« suivre les conseils de votre supérieure qui
« connaît les élèves et qui possède le tact pour
« les tenir à leur devoir ; ne vous effarou-
« chez pas quoi qu'il en soit, avec de la pa-
« tience on triomphe de la légèreté et des
« étourderies de la jeunesse. Ne laissez jamais
« paraître en classe le moindre découragement;
« faites toujours bonne mine, montrez du cou-
« rage, et quoi que vous voyiez, quoi que vous
« entendiez, n'en paraissez jamais surprise ;
« c'est justement parce que vous débutez qu'il
« faut montrer dans vos allures ce que l'habi-
« tude vous donnera plus tard sans le moindre
« effort de votre part. N'oubliez pas de prier
« les anges gardiens de vos élèves. Je recevais
« hier une lettre d'une jeune novice, chargée

« tout récemment d'une classe et qui s'effrayait
« un peu ; elle a confié ses élèves à la Sainte-
« Vierge, aux anges gardiens, et déjà ses com-
« mencements promettent du succès ; mais
« elle-même est très-courageuse et pleine d'é-
« nergie. Si vous saviez de qui je vous parle,
« vous admireriez avec moi la force de la grâce
« attachée à la sainte obéissance. Cette grâce,
« mon enfant, vous l'avez, faites-la valoir,
« développez-la en vous par l'énergie de la vo-
« lonté. Dieu le veut.

« Nous sommes bientôt au mois de mai,
« cette pensée porte d'avance la paix dans le
« cœur des enfants dévoués à Marie et les
« ouvre aux plus douces espérances. Que de
« bienfaits ont été répandus sur la terre pen-
« dant cette série de beaux jours ; que de grâ-
« ces accordées, que de pauvres affligés conso-
« lés, que de souffrances adoucies, que de
« pauvres âmes flétries vont reverdir au doux
« soleil de la grâce qui descend du cœur imma-
« culé de Marie ! Profitons, mon enfant, d'un

« temps si précieux ; usons de la tendresse de
« notre Mère; son cœur est à nous, Jésus nous
« l'a donné au Calvaire comme un riche trésor
« afin que nous y puisions toujours ; mais sur-
« tout pendant le mois de mai, etc. »

A une de ses filles naturellement concentrée et portée à la tristesse, elle écrivait :

« Ma chère enfant,

« Quand donc serez-vous un peu joyeuse, le fond chagrin et triste que vous laissez enraciner chez vous, ma fille, est très-dangereux. S¹ François de Sales dit : *Après le péché, je ne connais rien de mauvais comme la tristesse.* On peut être triste quelquefois avec motif, c'est légitime ; mais quand la tristesse constitue le fond du caractère, la personne atteinte doit s'en méfier et chasser rigoureusement ce cruel ennemi : c'est un serpent qui se nourrit aux propres dépens de la personne avec dessein de la dévorer. Prenez garde à vous ! ne vous concentrez pas autant en vous-même ; acceptez avec humilité vos défauts, vos misères, mettez vos soins les plus empressés à vous corriger de ce que l'on trouve si justement répréhensible en vous ; mais faites-le gaîment, gracieusement ; tout le monde a des travers et on se supporte avec charité : être chagrine parce qu'on voit ses défauts, ce n'est pas la vertu, c'est l'orgueil habillé d'une robe sombre et détestable; la vertu, c'est de consentir à voir sa misère, à ne point s'en décourager, et à prendre généreusement les moyens pour s'en corriger. Ayez donc cette vertu aimable, la vie vous sera plus douce, et vous la rendrez plus douce aux personnes qui vous entourent. Mettez du vôtre, mon enfant, vous ne pouvez pas exiger que les autres fassent tous les frais ; pour peu que vous sortiez de votre *sombre*, vous serez secondée et vous respirerez à l'aise. Ayez l'esprit de foi, c'est la vertu qui sauve la religieuse dans le péril; ne vous arrêtez pas aux conseils ou aux sensations de vos yeux charnels ; ayez la claire vue des choses de Dieu, cachées souvent sous des objets matériels. Quand on aime Dieu, quand on a l'intelligence des adorables desseins de sa Providence, on le trouve partout, on le devine toujours et on est heureux ! »

Peu de temps après, elle écrivait encore à la même :

« Ma chère enfant,

« Ce que j'avais prévu, ce que je vous avais prédit arrive. Votre caractère concentré, votre caractère peu aimable paralyse en partie le bien que vous faites. Avec un peu de bonne grâce, vous vous rendriez bien plus utile ; vous seriez plus contente, et vous auriez la consolation de faire plaisir autour de vous ! »

Toujours Mère Marie-Ephrem recommandait à ses novices cette amabilité gracieuse qui fait le charme de la vie et rend nos relations avec tous agréables et douces.

Elle ne grondait pas toujours celles qui, à leur début, manquaient de courage, surtout si elles étaient jeunes encore ; mais elle savait adroitement se moquer d'elles et le leur dire avec une gracieuseté energique qui toujours portait son fruit. Ainsi elle écrivait à une de ses plus jeunes novices, très-enfant de caractère :

« Ma pauvre poule mouillée,

« Vous êtes toujours la même, je pensais que la vapeur du chemin de fer vous aurait un peu secouée ! que je me moquerais volontiers de vous si je vous voyais ! Vous êtes dans le cas de m'humilier par votre défaut de courage. Rappelez donc vos souvenirs du Noviciat ; ne vous ai-je pas prévenue que vous seriez ennuyée, que tout vous paraîtrait étrange, que vous vous trouveriez environnée de difficultés ; que vous ne pourriez plus prier, que peut-être même vous seriez ébranlée au sujet de votre persévérance. Pourquoi êtes-vous donc surprise de vous trouver dans cet état bien prévu, bien accepté, comme conséquence de votre premier placement? Vous n'avez rien de plus à faire qu'à vous laisser de côté avec toutes vos sensibilités et vos impressions, et vous mettre tout de bon à l'œuvre. Faites, faites ce que Dieu vous confie et ne réfléchissez pas tant à ce que vous éprouvez soit dans le cœur, soit dans l'imagination. Voyez devant vous la volonté de Dieu, votre devoir, et rien de plus. Rappelez-vous qu'une âme sans énergie n'est bonne à rien et qu'une âme de *beurre* ne pourra jamais être façonnée pour faire une religieuse solide et propre aux grandes vertus d'humilité, d'abnégation et de sacrifice : voilà pourtant l'esprit de notre état? Ne pleurez donc plus : mauvais soldat, prenez vos armes et marchez ; on ne décore que les braves, soyez donc de ce nombre pour l'amour de Jésus, qui vous a choisie, pour l'honneur de votre famille religieuse qui vous a adoptée et pour la consolation de vos mères d'ici et de Mère X... qui le mérite pour outes les bontés qu'elle a pour vous.

« Adieu, ma bonne enfant, soyez sage, je vous bénis et suis en Jésus votre Mère,

« Sʳ M.-Ephrem. »

Elle disait à une autre : « Redoutez votre cœur, mon enfant, il est d'autant plus dangereux qu'il est concentré. Demandez à Dieu les vertus qui vous manquent pour faire une bonne religieuse; il ne vous servira rien sans cela d'être une bonne institutrice, une bonne sœur de salle, une excellente infirmière, une habile lingère, *courage, courage*. » A une autre qui était rentrée au Noviciat après en être sortie pour des raisons de famille et qui se retrouvait placée dans une de nos maisons, elle écrivait :

« Ma chère enfant,

« Je suis heureuse qu'une occasion se présente pour répondre à votre lettre. Votre langage simple et naïf me plait, et je crois aux sentiments que vous m'exprimez. Je puis vous dire que rien non plus ne saurait altérer l'affection maternelle que je vous ai vouée depuis si longtemps. Je suis trop heureuse que le bon Maître ait bien voulu vous rendre à ma tendresse ; il me semble que la crainte que j'avais de vous perdre pour toujours vous a rendue plus chère à mon cœur : ce qui est bien certain, c'est que Jésus vous a aimée beaucoup, et qu'il vous a prouvé d'une manière touchante qu'il vous veut toute pour lui. Ne refusez pas, ma fille, les petites épreuves par lesquelles Dieu se plaît à purifier votre âme ; tenez votre cœur bien ouvert à votre supérieure, il faut qu'elle sache tout ce qui passe dans votre intérieur ; il faut même lui rendre compte de ce que vous faites quand vous êtes à la classe loin de ses yeux maternels. Ceci est pour vous indispensable, vous êtes si jeune et si faible que sans l'appui d'une mère que deviendriez-vous ? Aimez bien celle que le bon Dieu vous a donnée, elle en est bien digne. Je suis heureuse de vous savoir entre ses mains.

« Adieu, ma fille, gagnez Jésus, courage, vous comptez déjà un an ! »

« Je n'aime pas les belles phrases, disait-elle à une de ses filles, mais j'aime la simplicité, les paroles les plus ordinaires. Ecrivez-moi comme vous le voudrez, quand vous le voudrez, plus on est simple, plus on est vrai, c'est si beau ! »

« Vous allez me quitter, mon enfant, disait-elle à une Novice qui partait pour aller remplir un emploi dans une de nos maisons. Je vous vois, je l'avoue, partir avec peine ; tâchez de vaincre un peu votre extrême timidité, elle vous rend gauche et vous empêche d'être prévenante et aimable avec vos sœurs. Il faut, en communauté, savoir rendre notre société agréable, c'est un des devoirs que nous impose la douce charité fraternelle. Et puis vous savez ce qu'on a si bien dit et ce que j'aime à vous répéter, c'est si vrai cela : *L'amabilité du caractère et la douceur des procédés se confondent avec l'abnégation et le sacrifice, elles sont la fleur de l'humilité.* N'est-ce pas que vous serez une bonne religieuse, ma fille! j'y compte et j'y crois, adieu. » Et la jeune Novice partit pleine de force, de courage, ne comptant point sur elle-même, mais sur le secours de Dieu et sur la bonne et douce Mère qu'elle laissait au Noviciat.

Une autre fois elle écrivait à une qui était en proie à une crainte excessive de son salut et qui se trouvait incapable de faire le bien dans l'emploi qui lui avait été confié :

« Soyez donc plus grande fille, que de croire que le ciel vous est fermé ; le démon vous souffle cette mauvaise pensée pour vous décourager. Tant qu'on veut aimer Dieu, quand même l'on soit accablé par les sécheresses, le ciel est ouvert à deux battants, on n'a pas même besoin de clef pour entrer. Sachez donc que

Dieu envoie les sécheresses à ceux qui sont bien à lui, pour les faire mériter. Dites-lui bien que vous préférez ces sécheresses qui vous viennent de lui à l'amitié de toutes les créatures. Répétez-le bien souvent, c'est le moyen d'en profiter et d'écarter la tentation de découragement. Jésus n'avait que douze ans quand il enseignait les docteurs au milieu du Temple ; vous qui avez vingt ans, vous pouvez bien enseigner de grandes filles ; prenez Jésus avec vous, joignez ses douze ans à vos vingt ans, vous aurez trente-deux ans et vous ne vous effraierez plus. Adieu, priez pour moi, je vous bénis et suis en Jésus votre mère.

« S<sup>r</sup> M.-Ephrem. »

A une jeune professe qui s'était empressée de lui écrire dès son arrivée en maison après sa profession, elle écrivait :

« Ma bonne petite,

« Je réponds bien tard à votre bonne lettre ; mais mon cœur y a répondu avec toute la tendresse que je vous porte ; j'ai regretté vivement de n'avoir pu vous exprimer plus tôt tout le plaisir que vous m'avez causé par votre empressement à m'écrire ; vous êtes la première de toutes mes enfants de la profession du mois dernier à me donner de vos nouvelles. Tout ce que vous me dites de bon, d'affectueux ne me surprend pas, je suis habituée à ce langage de votre part ; mais ce qui me plaît le plus, ce sont vos bonnes dispositions. Soyez bien bonne et bien prévenante pour votre mère et vos sœurs. Aimez-vous avec S$^r$ X... comme deux petites sœurs nées le même jour ; c'est bien au même instant que notre Mère la Communauté vous a enfantées sur les marches de l'autel. Aimez-vous bien de cet amour que Jésus a mis dans vos cœurs au moment où vous êtes devenues *toutes siennes;* ne vous laissez jamais passer inaperçus vos petits travers. J'aime bien la formule que vous avez adoptée ; cette sainte charité vous préservera de bien des misères et vous conservera toutes fraîches dans vos délicieux parfums de la profession. Soignez bien *vos petites sœurs novices*, je les sais en bonnes mains ; mais aidez ces mains charitables par vos petits conseils et surtout par vos exemples. Notre Mère vous envoie une tendre bénédiction. Priez pour moi, ma fille, vous savez combien je tiens à ce souvenir de la part de mes enfants. Adieu, ma bonne petite, je vous bénis tendrement et suis en Notre-Seigneur.

« Votre Mère,

« Sr M.-Ephrem. »

Une novice se plaignait de l'état pénible et souffrant dans lequel se trouvaient à la fois et son cœur et son âme, tourmentés sans cesse par une appréhension continuelle de l'avenir. Elle lui écrivit aussitôt en ces termes :

« Ma chère Enfant ,

« Il ne m'est pas difficile de vous dire et de vous répéter que je vous aime toujours beaucoup, bien tendrement, et qu'à votre souvenir je sens que mon cœur me dit que vous êtes toujours bien mon enfant. Notre Mère Générale également vous aime, et nos Mères Assistantes aussi ; vous êtes toujours dans leur affection la petite gâtée : vous en aurez la preuve à votre retour au Noviciat. N'allez donc pas vous mettre dans l'esprit ce qui peut vous troubler ; vous êtes à Jésus et vous y êtes tout de bon, quand même vos vœux ne soient pas faits. Notre intention n'a jamais été de vous renvoyer , mais de faire de vous une bonne petite religieuse ; attachez-vous donc aux saintes pratiques qui peuvent vous faire avancer dans les vertus. Je vous *défends* de croire que le bon Jésus est fâché avec vous, parce que votre cœur n'est plus sensible comme autrefois.. Ce n'est pas la sensibilité du cœur qui fait les saints, mais bien la générosité et la fidélité..... Pourvu que vous remplissiez bien exactement vos devoirs de religieuse et d'institutrice, le bon Maître n'en veut pas davantage, quand même vous le feriez sans goût. Dieu demande les actes de notre volonté et non pas les sentiments du cœur. Tous les sentiments les plus tendres, les plus chauds réunis ne feront jamais le commencement même de la sainteté, ni ne plairont à Jésus sans les actes. Faites donc des actes de vertus sans vous occuper si vous avez un cœur ou si vous n'en avez plus ; laissez faire le bon Jésus, et soyez souple entre ses mains divines. Je vous recommande de prier pour moi et pour celles de vos sœurs qui vont bientôt faire profession. Préparez-vous à la vôtre, bientôt nous y penserons. Confiez à la S$^{te}$ Vierge ce travail si important de la préparation à vos vœux.

« Adieu, je vous bénis. »

C'est ainsi que Mère Marie - Ephrem s'occupait de ses Novices placées dans les maisons ; elle aidait puissamment les supérieures locales dans leurs rapports avec leurs plus jeunes sujets. Sa conduite, sur ce point délicat, fut toujours d'une extrême prudence, et put ainsi servir, à la gloire de Dieu, les intérêts de tous, et faire le plus grand bien dans la Congrégation.

## CHAPITRE XXI.

La santé de Mère Marie-Ephrem commence à s'altérer.

Cette vie toute pleine de mérites et de bonnes œuvres ne sanctifiait pas seulement Mère Marie-Ephrem, elle faisait du bien à nous toutes. Quand on la voyait agir on disait : ne pourrais-je pas, moi aussi, commander à ma faible nature et avancer chaque jour dans la vertu. Les Novices n'étaient pas les seules à s'adresser à cette bonne Mère, les professes aussi. A l'époque des grandes retraites tout son temps était pris. Voir ma mère un moment, lui rendre compte de son état d'âme, verser dans son cœur, toujours indulgent et bon, le trop plein du sien, c'était là le désir de presque toutes et ce qui assurait pour l'ordinaire le fruit de la retraite. Mère Marie-Ephrem savait cela, aussi s'arrangeait - elle de façon à voir toujours tout son monde. Quand elle en voyait se peiner à ce sujet, elle disait : « Ne vous chagrinez pas, vous ne partirez pas sans que nous ayons causé ensemble de ce qui nous touche si fort : le bien de votre âme, » et elle tenait parole. Quand, pendant les instructions, elle n'était pas au conseil, elle répondait aux religieuses qui lui avaient écrit et qui, cette année, étaient privées de venir à la retraite. Elle tâchait, par ses encouragements et ses bonnes paroles, de leur faire un peu de bien. « L'année prochaine ce sera votre tour, leur disait-elle, patience, arrangez-vous de façon à passer quelques jours dans le recueillement, à renouveler vos résolutions de l'année dernière et, tout doucement, couleront pour vous les jours qu'il nous faut passer avant de nous revoir. » — « Du courage, écrivait-elle à une autre, soutenez-vous, ma bonne enfant, dans vos saintes dispositions par la fidélité aux plus petites choses ; c'est la voie dans laquelle marche toute âme qui veut Jésus seul. » Et à une autre qui se trouvait un peu dans la peine :

« Mon enfant,

« Je savais que pour plaire à Jésus vous seriez raisonnable, l'œil d'une mère sait deviner non-seulement les choses présentes qui touchent son enfant, mais il sonde même l'avenir et en tire pour l'ordinaire une juste appréciation. Vos sentiments, votre cœur, vos pensées tout cela m'est montré d'une manière si claire, si précise, que je puis prophétiser à mon aise sur tout ce qui vous concerne, sans crainte de me tromper. Ainsi n'ayez jamais l'idée de me cacher la plus petite peine. Jésus me dirait bien vite à l'oreille que mon enfant a le cœur triste. Je suis vraiment satisfaite de vos généreuses résolutions, mettez-les en pratique, et vous trouverez toujours que le joug de Jésus est doux et léger. »

Sa joie était grande chaque fois qu'elle annonçait dans les maisons la visite de notre Mère

Générale. « Pauvres enfants, disait-elle, elles vont être si heureuses de la revoir ! » A ce sujet, elle écrivait un jour ces quelques mots à une jeune religieuse : « Je viens vous annoncer une heureuse nouvelle ; ouvrez bien vos petits yeux pour bien me lire, mon enfant, si tendrement aimée ; préparez-vous à recevoir ce que vous aimez le plus après Jésus : celle qui vous le remplace.... Vendredi, 9 du courant, vers midi je pense, notre Mère arrivera à X... avec deux religieuses.

Adieu, soyez toujours bien généreuse, Jésus vous aimera toujours davantage. »

Tous les matins, Mère Marie-Ephrem faisait le tour des emplois donnés aux Novices ; elle veillait à ce que tout fût tenu dans la plus exacte propreté. Elle allait aussi les voir dans leurs classes, assistait à leurs leçons, et sa douce présence était pour ses enfants une récompense et un encouragement ; elle souriait à leurs efforts. « Courage, leur disait-elle, si je n'avais que 18 ou 20 ans comme vous, volontiers je me remettrais sur les bancs. L'étude, le soin des malades, n'importe quel travail fait par obéissance, tout cela est bon, fait mériter et est très-agréable au cœur tout amour de Jésus. »

Sa santé, robuste jusqu'alors, parut un peu s'altérer ; ses digestions la fatiguaient, et plusieurs malaises, à intervalles répétés, se firent aussi sentir. Comme on s'était empressé de la soigner, et que notre Mère était inquiète à son sujet : « Allons donc, disait-elle en souriant, vous allez peut-être me croire malade ? détrompez-vous, je vous prie, je n'ai rien, absolument rien. » Elle riait de bon cœur de tout ce qu'on pouvait lui dire et refusait tout soulagement. Cet état continua ; plusieurs rhumes, cet hiver, la fatiguèrent beaucoup. Si une de ses filles lui disait : « Vous êtes malade, ma mère, laissez-moi vous soigner. » — « Ah ! bon, vous aussi, ma petite, vous avez rêvé cela, répondait-elle avec une douce et franche gaîté, je vous souhaite un plus heureux songe cette nuit. » Puis elle ajoutait : « Dites-moi un peu, mon enfant, n'avez-vous jamais été enrhumée, vous? oui, n'est-ce pas? vous êtes vous crue malade pour cela? certainement non ; eh bien ! faites-moi l'honneur, je vous prie, de me croire autant de bon sens que vous pouvez en avoir vous-même. » Puis elle congédiait la religieuse en riant. C'est ainsi qu'elle faisait toujours alors quand on lui parlait de sa santé. Elle souffrait énormément des attentions qu'on avait pour elle, et ne les acceptait que par obéissance. « C'est notre mère qui l'a dit, c'est différent, » répondait-elle ; puis elle disait à notre Mère : « Je ne souffre pas, je puis vous l'assurer, laissez-moi donc faire comme tout le monde, c'est si joli en communauté. » Cette fatigue sembla disparaître totalement et l'inquiétude cessa. Mais, dès lors, nous aperçûmes en elle plus de perfection encore dans les plus petites choses. Ainsi elle s'entoura d'une plus grande réserve. Peu expansive, si ce n'est quelquefois dans l'intimité, elle le devint moins encore, elle ne souriait plus, comme autrefois, à une parole affectueuse, et paraissait plus pensive encore et plus recueillie. On comprenait que quelque chose se passait entre elle et Dieu. Chaque jour, on voyait qu'elle se détachait de la terre et des créatures. « Je pense bien souvent à la mort, disait-elle alors quelquefois ; c'est une pensée bien salutaire, c'est un flambeau à la lueur duquel on voit mieux le néant de tout ici-bas. » Quand une religieuse mourait au Noviciat, c'était elle qui la préparait au terrible moment; doucement elle l'excitait à la confiance, à l'amour, bien qu'elle-même éprouvât dans son âme les assauts de la crainte.

Un jour, une jeune religieuse va la trouver dans son cabinet. « O ma mère, lui dit-elle, je souffre, je suis sous le poids d'une forte peine. Depuis la mort de ma sœur X... je ne fais que penser à la mienne, et je ne puis croire que j'en vienne jamais à ne pas appréhender beaucoup ce terrible moment. Cette pensée m'absorbe tellement parfois, et me désole si fort que je ne puis plus prier. Oh! j'ai peur et je souffre. — Eh ! ma pauvre enfant, lui dit-elle aussitôt, jamais, dans notre Congrégation, aucune de nos sœurs n'a craint la mort ; vous seriez la première, toutes ont fait généreusement à Dieu, avant d'expirer, le sacrifice de leur vie, et se sont endormies doucement dans le Seigneur. Ne craignez donc point, croyez-moi, la grâce est bien forte à ce moment. Ces terreurs, ma fille, vous pourrez les avoir encore ; mais elles disparaîtront, je vous le promets. Elles restent parfois ; mais alors elles sont une rude épreuve par laquelle Dieu se plaît à purifier entièrement ici-bas, ses élus et ses saints. C'est là le dernier cachet que Dieu imprime à leur perfection ; mais il n'en est pas toujours ainsi, alors donc, du courage, mon enfant, la grâce du moment nous est toujours donnée ; vous l'aurez, ne vous tourmentez plus. » Une autre vint lui dire sa souffrance au sujet d'une peine qu'accroissait encore une pensée de doute sur son intérêt de mère ; elle ne s'en blessa point ; mais souriant doucement, elle prit un petit carnet

que la religieuse avait dans la bavette de son tablier et écrivit ces mots : « O Jésus, faites
« que je voie ou plutôt que je marche sans
« voir et sans comprendre, ne vous deman-
« dant aucun compte de votre conduite sur
« moi. Vous m'aimez, mon Dieu, cela doit me
« suffire pour adorer vos plus petites volontés
« sur moi, et pour les accepter comme des
« moyens choisis par la tendresse que vous me
« portez pour me sanctifier plus sûrement.
« Malgré votre rigueur apparente, je sais que
« vous êtes fidéle à ceux qui sont à vous. Ja-
« mais je ne vous ferai l'injure de douter un
« moment de votre tendresse ; ici elle m'arrive
« sous le voile de la douleur, bien souvent
« vous me la cachez pour me faire mériter ; au
« ciel vous me la donnerez dans tout son éclat,
« dans toute sa douceur, sans voile, sans me-
« sure. Je crois, mon Dieu, à votre tendresse
« et à la tendresse que vous avez fait couler
« pour moi ! » — « Tenez, lui dit-elle, faites
cet acte de foi ; ne doutez ni de la tendresse de

Dieu pour vous, ni de la mienne; cette dernière, vous le savez, sotte enfant, vous est acquise depuis longtemps déjà, et si je vous dis d'y croire, c'est qu'elle est bien vraie; eh! comment ne le serait-elle pas, Dieu lui-même l'a mise dans mon cœur pour vous; c'est ce qui la rend forte et durable. Ne revenons donc plus sur ce qui est bien compris, n'est-ce pas, adieu, soyez sage. » Un autre jour, c'était à la récréation, une religieuse lui montre un objet qu'elle tenait à la main : « Devinez, ma mère, qui m'a fait ce cadeau. » Mère Marie-Ephrem sourit, se penche doucement vers elle et lui dit tout bas : « Mon enfant, c'est votre meilleure amie. » En effet, Mère Marie-Ephrem le lui avait donné quelques jours auparavant : « Merci, ma mère, lui dit la religieuse tout heureuse de cette bonne parole. — Oh! reprend la bonne mère, je ne vous dirai pas souvent cela, vous éprouveriez trop de plaisir et le cœur, plus que tout encore, a besoin de s'épurer pour être tout à son Dieu. »

Depuis quelque temps aussi, nous nous apercevions que Mère Marie-Ephrem s'appliquait plus encore à la pratique de la simplicité : « Cette vertu est si belle, nous disait-elle un jour, qu'il faut que je travaille sérieusement à l'acquérir. Je veux, avant de mourir, mes enfants, devenir la plus simple de toutes. » Et quand elle voulait de Dieu quelque chose, elle unissait toujours la mortification à la prière. Si pour elle, elle refusait impitoyablement tout espèce de soulagement qui ne lui semblait pas nécessaire à sa santé, elle était remplie pour les autres d'attentions et de soins ; nous l'avons vue auprès de notre Mère malade, il en était de même pour chacune des sœurs ; elle allait chaque jour les voir à l'infirmerie, les gâtait à sa façon, leur ménageait une surprise, leur apportait ce qu'elles pouvaient désirer, et en doublait le prix par la façon gracieusement tendre avec laquelle elle offrait ces petits riens. Elle les excitait à la patience et revenait plusieurs fois les voir, toujours avec cette tendresse de mère qui lui seyait si bien et à laquelle chacune de ses filles avait une égale part. Mais il fallait que les sœurs fussent réellement malades ; sans cela elle aimait qu'on eût du courage et qu'on secouât un peu ce qui n'était souvent qu'un état de torpeur ou un laisser-aller incompatible avec la vocation d'hospitalière. On lui disait quelquefois que son emploi de Maîtresse des Novices la fatiguait : « Oh ! non, non, disait-elle aussitôt, ceux qui disent cela ne savent point la douceur qu'il me donne et le bien qu'il me fait. — Que je suis heureuse, mon enfant, disait-elle un jour à ce propos à une de ses filles, que je suis donc heureuse d'être Maîtresse des Novices ! Faire aimer le bon Dieu ? n'est-ce pas là le plus grand bonheur qu'on puisse donner à une créature ? et elle paraissait tout emue ; celles qui ne considèrent que la peine ne connaissent pas la grande grâce attachée à mon emploi, je dirai mieux à ma mission, car c'en est une bien douce que celle de faire aimer le bon Dieu et de lui préparer des épouses ! »

Elle disait un jour à une de ses professes qui, tout embaumée encore des saintes pensées de sa retraite, lui rendait compte de l'état de son âme et lui faisait part des généreuses résolutions qu'elle avait prises : « Ma fille, retenez bien ceci : l'épreuve jointe à la grâce sensible est l'avant-goût du ciel ; l'âme, sous son influence, souffre moins qu'elle ne jouît. L'épreuve sans la douceur de la grâce est le pain dur des âmes fortes ; c'est l'aliment substantiel qui les fait grandir en peu de temps, puis elle sourit et dit encore : « On se passe facilement des créatures quand on est portée dans les bras de Jésus ; mais qu'il est difficile de se priver de toute jouissance, de se renoncer, de se mortifier, de mourir à sa propre estime et à celle des créatures ; lorsque Jésus se retire et qu'il nous dit : *Marche sans le secours de mes caresses, sans l'appui de mon bras, sans avoir même la douce garantie que tu m'es agréable.* Tout cela est difficile, n'est-ce pas, ma fille ? Mais quand on a goûté Jésus, quand on a senti ce qu'il est à ses âmes, on peut marcher en comptant, non pas sur son bras, mais sur son regard ; non pas sur ses caresses, mais sur la fidélité de son cœur. En faut-il davantage à l'âme qui sait sentir, qui sait vouloir, qui sait aimer ? »

C'est ainsi qu'elle donnait aux âmes qui s'ouvraient à elle ces sentiments de piété solide et tendre qui les faisait avancer si courageusement dans la voie de l'abnégation, du renoncement et de l'amour. Mettons-nous de côté, disait-elle souvent, et nous verrons mieux toutes choses ; le grand obstacle à notre avancement c'est l'égoïsme ; faisons mourir le *moi* et tout sera gagné. »

Nous ne pouvons guère parler des mortifications de Mère Marie-Ephrem, son âme vivait de sacrifices ; mais Dieu seul en a le secret. La vertu lui était devenue si facile, que nulle trace de luttes intérieures ne se trahissait au-dehors ; mais elle avait dû nécessairement combattre et souffrir beaucoup pour en arriver là ; *les saints s'épurent au Calvaire.* Sa vertu dominante, nous le savons, fut l'amour de la vie cachée. Le digne prêtre qui la dirigeait dans le monde et qui l'a revue plusieurs fois au couvent nous disait, en parlant de l'humilité de Mère Marie-Ephrem : « Si elle a quelquefois répandu des larmes depuis son entrée en religion, ç'a été lorsque l'obéissance l'a obligée à accepter des charges qui lui paraissaient toujours au-dessus de ses forces et de sa capacité, et je sais, ajoute-t-il, les tourments qu'en a soufferts son humilité ! »

Quand nous causions entre nous des vertus de ma mère, nous nous effrayions, c'est le mot : Son âme ne s'épure chaque jour davantage que pour quitter plus tôt la terre, disions-nous ; puis nous chassions cette pensée cruelle pour caresser la douce espérance que Jésus voudrait bien nous la garder et pour la consolation de notre Mère, et pour le bien de la Congrégation, et pour le bonheur de toutes.

Dieu voit autrement que nous, il a quelquefois de saintes cruautés dont nous souffrons profondément, il est vrai, mais qui ne laissent pas de procurer sa gloire et notre salut. C'est dans les angoisses d'une inénarrable souffrance que l'âme s'épure et emporte le ciel.

## CHAPITRE XXII.

Etat de souffrance de Mère Marie - Ephrem ; son départ pour Allevard.

« Quand Dieu fait choix d'une âme, est-il dit
« quelque part dans la vie du Curé d'Ars, quand
« il la prédestine à quelque chose de grand, il
« la marque de son sceau, et le sceau de Dieu,
« c'est la croix. » La croix, Dieu l'avait implantée bien avant dans l'âme de Mère Marie-Ephrem. Elle connaissait la souffrance et avait cruellement senti les tortures de la douleur. Le cœur avait eu ses combats, ses luttes, ses blessures ; mais elle n'avait point faibli ; elle était devenue ainsi plus apte à comprendre et à soulager la souffrance d'autrui, tant il est vrai que *« la plupart des âmes demeureraient fermées aux autres âmes si elles n'avaient connu la douleur. C'est la douleur qui les brise et les force à se répan-*

*dre en flots de bienveillance et de charité.* » « Dieu m'a fait ressentir certaines choses, disait-elle un jour dans l'intimité, afin que je pusse en profiter pour le bien des jeunes âmes qu'il voulait me confier. » Mais la maladie devait encore ajouter à ses mérites ; elle fut pour cette nature énergique la plus forte des épreuves.

On était au mois de mai de l'année 1868, Mère Marie-Ephrem avait arrangé à Marie, dans la trop petite chapelle du Noviciat, un gracieux petit autel, tout orné de marguerites ; quantité de vases formaient, dans l'étroit sanctuaire, un délicieux parterre émaillé de mille gracieuses fleurs. « Oh ! je caresserais volontiers, disait-elle, mes jolies petites marguerites, doux emblème de la vertu de simplicité que Marie voudrait tant voir en nous. Demandons à cette auguste Reine, cette vertu pendant ce mois. Oui, allons, mes enfants, épanouir nos forces à l'autel de Marie ; sous son regard maternel, les épines sont moins piquantes, les fardeaux moins lourds, les combats moins sanglants et les victoires plus faciles. Oui, oui, allons à Marie! » Et le mois béni n'était pas terminé, et les chants du soir retentissaient pieusement encore dans notre petit sanctuaire, que Mère Marie-Ephrem fut de nouveau fatiguée ; ses digestions devenaient chaque jour plus difficiles. « J'ai faim, disait-elle, et il faut que je me prive de manger tant je souffre après mes repas. » Elle maigrit beaucoup, et prenant peu de nourriture ses forces diminuèrent prodigieusement, une petite toux sèche fatiguait à intervalles sa poitrine; l'inquiétude devint générale. Notre Mère se hâta de consulter aussitôt plusieurs médecins ; tous, à cette époque, s'accordèrent à dire que cette fatigue cèderait bientôt au régime ordonné et aux bons soins dont la malade était entourée. Mais notre Mère, toujours inquiète, voulut s'en rapporter à la décision de M. Jules Laure, médecin a Hyères, et frère de Mère Marie-Ephrem. Il vint en toute hâte à Aix et ordonna à sa sœur les eaux sulfureuses d'Allevard, dont il connaissait toute l'efficacité. Médecin lui-même de ces eaux, il résidait à Allevard pendant la saison et dirigeait le traitement des baigneurs. Il assure à notre Mère que la santé de sa sœur se rétablira ainsi, et insiste afin qu'elle se rende à ses désirs. Notre Mère y consent ; ce qu'elle désire, ce qu'elle veut, c'est la guérison de sa fille bien-aimée ; nul sacrifice ne sera épargné ; mais il n'en est pas de même de Mère Marie-Ephrem, elle ne veut point entendre parler d'un remède qui doit l'éloigner de sa famille religieuse pendant tout un mois, et assure qu'elle ne peut se résoudre à l'accepter. Monseigneur qui, depuis longtemps, appréciait cette âme d'élite, et savait de quel secours elle était pour notre Société, la pressa aussi et lui ordonna même, par obéissance, de se soumettre à la prescription du médecin. Notre Mère pressa sa chère et bonne fille de s'éloigner d'elle pour quelques jours afin de recouvrer plus tôt cette santé si précieuse pour son cœur de mère. « Vous savez si je souffrirai loin de vous, ma fille, lui dit-elle, et ce que m'est votre présence ; il le faut, allez donc et revenez-moi guérie, c'est mon vœu le plus ardent, c'est ce que je demande à Dieu chaque jour. » Dès lors une vague tristesse, qu'elle s'efforçait en vain de dissimuler, s'empara de son âme. « J'ai promis d'être généreuse, disait-elle, et je me trouve sans forces ni courage ; oh ! je ne me remettrai pas loin de ma mère et de mes enenfants ; l'air du Noviciat m'est nécessaire ! » Puis elle se reprochait ces plaintes et s'écriait alors : « J'obéirai. » Mère S<sup>t</sup> Antoine, sa sœur, atteinte d'une aphonie depuis quelques années, avait déjà pris les eaux d'Allevard et devait, cette saison, accompagner Mère Marie-Ephrem. Les deux sœurs allaient donc, pour quelques jours, se trouver un peu réunies ; c'était une douce compensation pour Mère Marie - Ephrem ; la peine du voyage allait être amoindrie, et puis n'allait-elle pas aussi se trouver près d'un frère tendrement aimé, qui la chérissait tout particulièrement ! Elle dit adieu à notre Mère à nous toutes et partit dans le courant du mois de juin. Le soir de son départ nos larmes coulaient, nos cœurs étaient tristes, lourdement déjà pesait sur nous le vide affreux de l'absence. Sa première lettre fut reçue avec une joie indicible. Le voyage n'avait pas été fatigant, déjà notre chère malade avait pu contempler avec un vif intérêt le site tout à fait pittoresque d'Allevard et promener sa vue des eaux bleues du Bourget au sommet de Brame-Farine, et sur le mont plus élevé et couvert de neige du grand Charnier, glacier majestueux, dominant la poétique scène que présente, au sortir d'Allevard, vers l'usine, la promenade dite : *le Bout du monde*, d'où l'on voit descendre, des montagnes, majestueux et rapide, le torrent du *Bréda*, bondissant et écumant sur des débris de rochers, puis roulant plus doucement près de la grande usine ses eaux devenues calmes. « C'est beau, bien beau ! Tout est grandiose et sublime dans les œuvres de Dieu ! » Mais tout entière aux doux souvenirs qui remplissaient son cœur, elle suivait exactement le traitement prescrit, et ne sortait que pour aller à l'église trouver son Jésus bien-aimé ; la nature qu'elle pouvait alors contempler lui paraissait belle, c'est vrai, mais le divin prisonnier du tabernacle lui était plus doux !.. Là, près de ce cœur ami du sien, elle goûtait la joie pure dont son âme avait soif. Là, elle se savait comprise et n'hésitait point à laisser couler de silencieuses larmes..... La prière est si douce au cœur souffrant !

Elle recevait de nombreuses lettres et y répondait avec joie et bonheur.

« Allevard est très-gracieux, très-riant, écrivait-elle à une de ses filles, mais il n'a pas le talent de faire passer mon temps aussi rapidement qu'à Aix. Je le trouve toujours trop long. Chaque soir, quand je suis couchée, je compte sur mes doigts le nombre de jours qui me séparent encore de mon cher nid et de mes enfants !... que je serai heureuse de vous revoir toutes ; il me semble que je vais rouler dans toute la maison pour voir si rien n'est changé. J'aime tout, tout ce qui est au Noviciat : la moindre pierre a pour moi un langage charmant qui me va au cœur. Qu'en sera-t-il donc des êtres si chers qui l'habitent, ces êtres que Dieu m'a donnés pour enfants. Je n'ose presque pas vous dire que je languis, c'est pourtant bien vrai !... Je cache ce sentiment pour ne point faire de peine autour de moi ; et puis, puisque le bon Jésus me veut ici, je suis bien peu généreuse de languir. Il est ici avec moi comme partout ailleurs. Le temps ne lui a pas paru long à Lui depuis dix-huit siècles qu'il est au tabernacle pour moi !... Soyez bien sage, n'est-ce pas, ma fille, sage comme je vous veux. Quand vous me plaisez, vous plaisez à Jésus. Soyez aussi tout-à-fait aimable. Jésus a un goût très-délicat, très-distingué, il aime les personnes aimables. Il est lui-même l'amabilité la plus exquise ; ressemblons-lui donc. Adieu, ma fille, je vous bénis de tout mon cœur et vous répète avec conviction, mon enfant, que Dieu a déposé dans mon âme une bien grande

tendresse pour la vôtre, comptez-y bien. »
Puis plus bas étaient encore ces quelques lignes : « Je compte sur vos prières, mon enfant, sur vos prières, et sur vos petits sacrifices journaliers pour obtenir du bon Maître tout ce qu'il veut que je prenne à Allevard; demandez-lui pour moi la santé de l'âme en lui demandant celle du corps; j'ai tout lieu de croire que je rapporterai cette dernière; mais je les veux l'une et l'autre. »

Notre Mère générale devant, cette année, visiter la maison de Grenoble ne put résister au vif désir de son cœur et alla surprendre à Allevard Mère Marie-Ephrem. La joie que cette dernière éprouva est difficile à décrire. « Oh ! que vous êtes bonne, notre Mère, lui disait-elle, et que vous me rendez heureuse ! » Puis, avec un empressement de mère, elle demanda de toutes avec intérêt. Pendant le repas, elle était si émue qu'elle laissait tomber de grosses larmes; puis elle disait : « Oh ! je suis mieux, notre Mère, bien sûr, je ne tousse plus et je me sens forte ; voyez, mes joues sont moins creuses, je vous retournerai guérie ! » Et une vive joie illuminait sa douce figure. « Portez à mes enfants toutes mes tendresses, lui disait-elle au départ, votre cœur de mère saura les contenir et les donner également à toutes. »

Cette année-là les élèves du pensionnat avaient préparé une petite pièce pour la fête de notre Mère, qu'on ne devait toutefois célébrer qu'au retour de Mère Marie-Ephrem ; mais comme son séjour aux eaux dut se prolonger plus avant en juillet, elle obtint par ses instances réitérées, auprès de notre Mère, qu'on fît la fête sans elle. Sa douce présence, ce jour-là, nous manqua doublement ; elle fit vide plus encore dans nos cœurs ; mais la pensée de son prochain retour adoucit notre peine. Elle devait bientôt nous revenir et toutes ensemble nous devions la fêter à son arrivée au milieu de nous. Sa fête à elle avait été naturellement renvoyée à cette époque !... Elle nous fut enfin rendue ! Et le lendemain Novices et professes étaient réunies dans la salle du Noviciat pour la fêter. Pendant qu'une de ses filles lui exprimait nos souhaits, nos vœux, la douce joie de nos cœurs et combien longs avaient été pour nous les jours d'absence, elle était profondément émue. Elle pleura en nous embrassant. « Je suis, je crois, devenue plus tendre, mes enfants, nous disait-elle, votre vue m'a si fort impressionnée, je me trouve si heureuse que mes larmes coulent depuis à la moindre émotion. Oh! j'avais tant besoin de vous revoir toutes, de me retrouver au milieu de vous, de respirer de nouveau l'air si pur de mon cher et doux nid ! » Le lendemain on chanta à la messe, tout le temps elle resta la figure dans ses mains ! « Que vos cantiques m'ont fait du bien, mes enfants, nous dit-elle ensuite. Ici Jésus est plus doux qu'ailleurs. Qu'il soit aussi plus tendrement aimé ! » La journée entière fut consacrée à la joie, au bonheur de se revoir. Mère Marie-Ephrem semblait être mieux, sur sa physionomie se lisait toute la satisfaction de son cœur, toute la sainte émotion de son âme, jamais elle ne nous avait paru si heureuse ! Le Noviciat n'était plus le même, la joie la plus vive brillait sur tous les fronts.

A cette même époque, une agréable surprise fut réservée à Mère Marie-Ephrem, elle eut la douce satisfaction de presser dans ses bras la veuve de son frère Adolphe, cette M$^{me}$ Marie Laure que nous l'avons vue tant chérir et gâter dans la maison paternelle et dont elle était aussi aimée d'une façon bien vraie ; avec quelle joie cette bonne dame n'embrassa-t-elle pas sa chère Elise, comme elle l'appelait toujours. « J'avais besoin de te revoir, lui disait-elle, » et elles confondaient leurs larmes. Jeune, bien jeune encore lorsqu'elle perdit son mari, M$^{me}$ Laure avait ressenti bien douloureusement cette cruelle perte, elle aima plus encore ses deux petits enfants (elle avait un petit garçon et une petite fille : Maurice et Suzanne). Mais il fallait avec eux traverser la vie, alors que son pauvre cœur était brisé, déchiré et qu'elle n'avait plus d'appui sur la terre! Elle parut un moment écrasée sous le poids de son immense douleur; mais chrétienne, avant tout, et mère courageuse et forte, elle ne faiblit point sous le coup de l'épreuve; elle accepta courageusement la mission qui lui était échue; pleine de foi en Celui qui s'est dit le défenseur de la veuve et de l'orphelin, et souriant à ses enfants, elle s'en fit un rempart contre son propre brisement et concentra sur eux, toutes ses affections, toutes ses joies, toutes ses espérances!... Qu'elle nous pardonne de l'avoir nommée dans ces pages; laisser sa place vide alors que nous avons parlé de ses plus chères affections eût été répandre une ombre qui eût obscurci beaucoup trop le tableau. Ses enfants, M$^{me}$ Laure les élève aujourd'hui avec cette tendre énergie qui est le fond de sa noble nature. La famille de son mari est devenue la sienne à toujours, et chacun de ses membres l'estime et la chérit. Fatiguée à cette époque, M$^{me}$ Laure allait, elle aussi, d'après l'avis de son beau-frère, passer une saison à Allevard et laissa en passant à Mère Marie-Ephrem sa petite Suzanne déjà âgée de 11 ans ; sa présence lui fut une agréable distraction ; elle aimait tant les enfants d'Adolphe ! « Chers enfants, disait-elle, il faut bien que je les aime plus que les autres, ils n'ont plus de père ! » Et ses yeux se remplissaient de larmes à ce douloureux et cher souvenir !

Mme Laure revint, elle causa avec sa sœur de ses enfants, de leur avenir, de ses espérances maternelles, des craintes que lui donnaient les idées déjà bien arrêtées de son fils qui, brûlant de marcher sur les glorieuses traces de son père, voulait, à tout prix, lui aussi embrasser la carrière militaire. « Dans peu je le mettrai à Saint-Cyr, disait la bonne mère, je ne veux rien avoir à me reprocher les concernant, et, plus tard, ils ne pourront pas me dire que je les aimés pour moi ! » Elle partit enfin, emportant dans son âme la douce et consolante certitude du vif intérêt qu'elle inspirait toujours à sa bonne sœur. Depuis longtemps une commune affection les unissait, et ces sortes de liens, rien ne peut les rompre.

Mais déjà on préparait tout au Noviciat pour les grandes retraites. Celle des supérieures allait avoir lieu. Mère Marie-Ephrem obtint de la faire aussi. « Je ferai plus de bien à mes enfants qui vont venir pour l'autre, disait-elle, et je leur parlerai plus et mieux du bon Maître ? » Elle ne fut point fatiguée pendant le courant de l'automne ; mais on ne pouvait toutefois la dire bien. Elle disait en souriant : « Je crois que je deviens *patraque*, mais, je vous en prie, ne vous inquiétez pas de moi. » Il était difficile de ne pas s'inquiéter en voyant son excessive maigreur et sa pâle figure où se montrait la souffrance qu'elle s'efforçait de nous cacher, et que tout en elle trahissait ; c'était d'une part une sensibilité plus grande, plus souvent excitée, de l'autre, nous l'avons dit, la réserve dont elle aimait à s'entourer, et le détachement de toutes choses qu'elle s'efforçait chaque jour d'acquérir plus encore. Tout cela nous jetait dans l'âme comme un vague pressentiment de l'avenir ; nous étions cependant loin encore de pressentir toute l'affreuse vérité. Les médecins constataient une fatigue générale ; mais ne précisaient rien encore de sérieux, ce qui nous donnait une sorte de sécurité. Elle-même ne songeait nullement que son état pût devenir grave et ne se soumettait qu'avec répugnance au régime ordonné. Elle ressentait une peine réelle des soins et attentions dont elle se voyait entourée ; elle en souffrait énormément et voulait toujours s'occuper de ses chères Novices. Notre Mère la dispensait plusieurs fois de faire le Noviciat ; elle se soumettait sans rien dire, mais on comprenait toute la violence qu'elle avait alors à se faire. Elle aimait tant à s'entourer de ses enfants, à leur parler du bon Dieu. « Oh ! quand vous serez loin de moi, mes filles, leur disait-elle quelquefois, n'ayez jamais la sotte tentation de me cacher quelque chose, il faut qu'une mère sache tout, tout ce que fait son enfant afin qu'elle puisse l'abriter sous son expérience. » La jeune Novice, en effet, ne sait rien encore de la vie religieuse, elle entre dans ce vaste désert qu'elle ne connait point ; et cueille d'abord avec une vraie joie d'enfant les premières fleurs que Jésus y a tendrement déposées pour elle; puis, trompée par ce premier enchantement, elle sourit aux séduisants et enchanteurs mirages qui se dessinent au loin ; elle veut courir à ces fleurs, à ces fruits, à ces eaux qu'ils lui présentent ; elle veut respirer de doux parfums, apaiser sa faim, étancher sa soif ; mais le sentier est rude, épineux, il est long, elle n'atteint jamais le but, tout fuit à son approche, et ce sol enchanteur se dessine plus loin, et vaincue par la fatigue et le découragement, elle tombe épuisée !... Mère Marie-Ephrem avait raison, une mère avertit son enfant des secrets de Jésus et lui découvre la tendresse quelquefois cachée du bon Maître ; elle lui montre les illusions que son âge partout rencontre et lui offre son cœur pour appui !...

« Oh! laissez-vous conduire, mes enfants, leur disait-elle, vous ne pouvez encore marcher seules ; la main dans celle d'une mère, suivez le sentier où elle vous conduira : Jésus y a marché le premier ; mettez sans crainte vos pieds dans les traces de ses pas ; foulées par Lui, les épines de la route vous blesseront moins. »

C'est ainsi que, malgré sa fatigue, Mère Marie-Ephrem voulait à tout prix continuer sa douce mission auprès des âmes que le bon Maître avait faites siennes !

## CHAPITRE XXIII.

#### Maladie de Mère S<sup>t</sup> Antoine ; second voyage de Mère Marie-Ephrem à Allevard.

La santé de Mère Marie - Ephrem semblait s'améliorer ; elle ne toussait plus et se livrait, sans fatigue apparente, à ses occupations ordinaires. Depuis le retour d'Allevard, l'aphonie de Mère S<sup>t</sup> Antoine avait aussi disparu, et Mère Marie-Ephrem ne cessait d'en rendre à Dieu de continuelles actions de grâces. Elle aimait d'une si vive tendresse cette sœur de son âme dont elle était la mère. Toujours elle l'avait entourée de sollicitude et de soins ; mais depuis qu'elle était à Aix supérieure des sœurs employées au Petit-Séminaire, elle la voyait plus souvent, et son affection, sans s'être accrue pour cela, avait revêtu ce charme de douce intimité que l'absence ne permet que rarement. Mère S<sup>t</sup> Antoine ouvrait à sa sœur toute son âme et lui en laissait voir tous les sentiments. De son côté, Mère Marie - Ephrem épanchait dans la sienne cette affection pure et sainte que Dieu lui avait si largement départie, afin que son cœur, riche de tendresse, pût s'incliner doucement vers celui d'autrui et l'enrichir à son tour des consolations de Dieu. « Oh ! disait-elle quelquefois en parlant de Mère S$^t$ Antoine, ne voulez - vous pas que je l'aime, je ne suis pas pour elle une sœur, mais je suis une mère ! Oh ! oui, je suis sa mère, pauvre S$^t$ Antoine !.. N'a-t-elle pas assez souffert dans la vie ! Toujours malade c'est si triste !.. Elle est mieux maintenant ; cet état durera-t-il, je le demande au bon Dieu du fond de l'âme, et je veux ainsi l'espérer. » Tout, en effet, faisait présager cette amélioration durable.

Mais le mois de janvier de l'année 1869 n'était pas écoulé que le cœur de Mère Marie-Ephrem fut de nouveau brisé par un coup bien douloureux. Mère S$^t$ Antoine était retenue sur un lit de douleur par une maladie intérieure des plus aiguës et en proie à d'intolérables souffrances. Assise à son chevet, où elle passait de longues heures, Mère Marie-Ephrem humectait de temps à autre les lèvres de la pauvre malade, lui donnant ces mille petits soins dont une mère seule sait entourer son enfant ; elle ne la quittait que pour revenir au Noviciat où sa présence était indispensable. Souvent alors les larmes qu'elle avait refoulées à grand peine coulaient silencieuses et amères, sans amener toutefois une plainte sur ses lèvres, ni altérer en rien sa résignation, toujours elle fut avec nous calme, douce et gracieuse. La malade garda le lit plusieurs mois, chaque jour Mère Marie-Ephrem se rendait auprès d'elle, l'encourageait, la consolait et l'aidait de toute sa tendresse de sœur et de mère. Dès qu'elle put se lever sans trop de fatigue, on la transporta au Noviciat ; mais sa faiblesse était telle qu'elle ne pouvait marcher ; une fièvre continuelle la minait, elle eut encore de bien mauvais jours.

Et quand on en parlait à Mère Marie-Ephrem, elle répondait : « Elle n'est ni plus mal ni mieux. On dirait que de temps en temps le bon Jésus se plaît à nous envoyer un éclair d'espoir pour nous replonger aussitôt dans des transes que lui seul sait peser; je la recommande à vos prières. » A cette même époque, elle écrivait à une religieuse : « Je regrette, mon enfant, que ma lettre ne soit pas plus gaie ; mais j'ai peu de vertu, et je porte partout la conséquence de ma peine ; mes amis même, quoiqu'éloignés, sont obligés de la subir ; ne m'en veuillez pas et priez pour moi afin que la bravoure que je veux pour vous, Dieu me la donne aussi. » A la même, quelques jours après, elle écrivait encore : « S¹ Antoine va un peu mieux ; mais tout nous donne lieu de croire que pour être remise entièrement, il faudra encore aussi longtemps que nous en avons passé pendant le fort de son mal... Merci, mon enfant, des prières que vous faites pour elle, de votre part c'est de l'histoire ancienne, à mes yeux cette ancienneté donne un lustre plus touchant, plus délicat à toute la nouveauté. A bientôt, ma fille, à bientôt, etc. » Un mieux sensible s'était opéré dans l'état de la malade : les douleurs étaient moins aiguës, les souffrances moins vives, et la fièvre avait disparu. Soutenue, presque portée par deux religieuses, elle pouvait arriver jusque sur la terrasse, où elle s'asseyait pour respirer l'air frais du soir ; Mère Marie-Ephrem venait bien vite et sa douce gaîté amenait toujours un sourire sur les lèvres pâlies de la pauvre malade !... Mais Mère Marie-Ephrem aussi était fatiguée, ses joues se creusaient, elle devenait d'une maigreur effrayante, elle toussait aussi parfois et ne respirait que péniblement ; de nouveau elle dut songer à partir, on espérait qu'une seconde saison aux eaux d'Allevard la guérirait. Elle se soumit ; mais cet exil lui coûtait plus encore que le premier ; sa sœur devait rester et la laisser malade était bien triste. Elle dissimula sa profonde peine au moment du départ ; elle souriait à Mère St Antoine en l'embrassant : « Au revoir, lui disait-elle, je te laisse avec notre Mère! oui, je vous laisse toutes les deux ; mais mon cœur reste auprès de vous. Adieu, au revoir. » Ses larmes coulèrent un moment silencieuses ; mais bientôt le sourire de la résignation se joua de nouveau sur ses lèvres tremblantes et fut pour les cœurs amis qu'elle quittait, comme un rayon de douce espérance. Une religieuse l'accompagna à Allevard où elle devait retrouver M. Jules, son frère, médecin des Eaux, et M$^{me}$ Marie Laure qui se faisait une douce joie de passer tout un mois près de Mère Marie-Ephrem. Cette dernière, quoique triste, sut lui taire sa souffrance et partager ses joyeuses espérances de mère sur l'avenir de ses chers enfants, enfants qu'elle aimait, nous le savons, d'une affection toute particulière et qu'elle ne cessait de recommander à Dieu chaque jour. Ce qui l'aidait à passer moins tristement le temps de son second exil, comme elle l'appelait, c'était d'abord la pensée qu'elle faisait la volonté de Dieu ; puis aussi celle de sa guérison qu'elle espérait et qu'elle voulait, moins encore pour elle-même que pour ceux dont elle se sentait si sincèrement aimée ; pour sa chère malade surtout dont elle regrettait si fort l'absence, qu'elle rendait toutefois moins cruelle par les nombreuses lettres qu'elle lui adressait. L'active correspondance qu'elle entretenait et le traitement qu'elle suivait prenaient tout son temps. Mais dans les quelques fragments de lettre qui vont suivre, elle nous dira elle-même son état d'âme, ses sentiments.

« Voilà dix jours que j'ai quitté tout ce que j'aime, écrivait-elle à quelqu'un. Je dois à la grâce de Dieu d'abord et aux lettres que je reçois d'avoir passé bien raisonnablement la première semaine. Une lettre d'Aix, c'est pour moi une consolation, une joie, un remède, et j'ose l'avouer, une partie indispensable du traitement qui n'aurait aucun succès sans cela. On fait donc une action charitable en m'écrivant, on me fait du bien, et comme vous êtes, dans les desseins de Dieu, au nombre des personnes chères qui me font du bien, je viens vous demander votre concours : une petite lettre qui prendra son rang parmi la collection que j'ai déjà et qui constitue à Allevard mon bien le plus précieux. Je compte avec assurance, avec bonheur, et sur vos prières et sur votre affection ; vous m'en avez donné tant de preuves que j'en ai oublié le nombre ; mais il m'en reste au cœur un souvenir si doux qu'il me fait envier d'en avoir de nouvelles, et c'est justement ce que me portera votre bonne réponse.

« Je vous remercie de tout ce que vous faites pour notre Mère, surtout depuis mon départ ; avec vous, je le sais, je ne l'ai pas laissée dans l'isolement ; vous remplissez avec une perfection sans égale l'office d'ange gardien à son égard, et tout en adoucissant l'ennui que lui donne mon absence, vous avez trouvé le secret d'adoucir le mien. Merci de tant de bontés, de tant de procédés délicats. Vous ne sauriez deviner au juste la joie intime, secrète et profonde que j'éprouve chaque fois que je découvre en vous de ces sentiments si rares en ce monde qu'on ne peut pas les y rencontrer deux fois ; de ces sentiments si fins, si délicats qu'ils échapperaient à vos meilleurs amis s'ils n'avaient appris à les deviner. Alors je bénis Dieu de vous avoir fait part de ses dons avec tant de libéralité et je me sens éprise de la bonté de Dieu qui se révèle si bien dans la bonté de ses amis.

« Comme vous le pensez, j'ai souffert beaucoup à mon départ, la séparation est une chose cruelle, j'en ai souffert toute ma vie, excepté la mort, rien n'est plus douloureux que de dire adieu à ceux que l'on aime... Mais ne faut-il pas payer un peu par la douleur les charmes de la sainte amitié ; elle a aussi sa loi de souffrance, il faut la subir. Je me suis résignée. Dieu m'a envoyée ici, j'y fais de mon mieux ce que je suis venue y faire. Ma santé est en bon état ; mais malheureusement il pleut, et depuis quatre jours je n'ai pas pris de bain. J'espère rapporter d'Allevard ce que je suis venue y chercher : une augmentation de force et de vigueur, etc... »

Et cette autre qu'elle écrivait encore à la même personne :

« Je n'ai pas été surprise de recevoir de vous une seconde lettre ; mais laissez-moi vous dire que j'en suis profondément touchée ; elle a remué dans mon cœur quelque chose de bien doux qui s'appelle *reconnaissance et tendresse.* Pourquoi donc est-on si bon pour moi !... Vraiment la vie religieuse m'est trop douce ! Dieu m'y a rendu ou plutôt m'y a remplacé avec tant de bonté tout ce qu'il m'a enlevé que je suis à me demander si, pour moi, il n'a pas dépassé ses promesses ; si je n'ai pas plus que le centuple. . . . . . . . . . . . . . . . .
. . . . . . . . . . . . . . . . . . . .

« J'approuve de tout mon cœur que l'on

aille respirer l'air de la campagne, la solitude a des charmes puissants quand on souffre ! Je ne suis jamais aussi bien que quand je suis seule ici ; ma pensée est plus libre, mon imagination plus fidèle à me représenter des images chéries et mon cœur plus à l'aise pour les aimer. Je crois que X... trouvera du bénéfice physiquement et moralement dans ce repos pris de temps en temps... Je vous remercie de tout cœur de vouloir bien prier pour moi, Dieu écoute vos prières, je le sens de toute façon, ma santé est en bon état, j'espère retourner à Aix pleine de forces et de bonne volonté, j'en suis doublement heureuse. Puissé-je trouver ma pauvre S$^t$ Antoine dans d'aussi bonnes conditions de santé que moi, son mal est vraiment bien long ! Je vous remercie des bontés et des attentions que vous avez pour elle, tout ce qu'on a la bonté de faire pour cette chère enfant va droit à mon cœur ; j'en suis plus touchée que de ce que l'on fait pour moi. »

Elle écrivait à notre Mère presque tous les jours. Voici quelques fragments de ces lettres :

Allevard, 12 juillet 1869.

« J'ai reçu hier une lettre de Monseigneur ; elle m'a fait tout à la fois du bien et du mal, car j'y ai goûté sa tendresse de père en y constatant les marques de son mal. Pauvre Monseigneur ! qu'il est triste de le voir ainsi ! si j'écoutais mon cœur, je le remercierais tout de suite ; mais si par hasard il était encore malade, que deviendrait ma lettre ? Cette pensée m'impose un sacrifice, car de nouveau je lui aurais écrit avec bonheur, je suis si touchée de voir qu'il s'est imposé pour moi la fatigue d'écrire que cela me ferait du bien de le lui dire d'ici, en attendant de le lui dire à Aix.

« Les jours sont longs, ma mère, on dirait même qu'ils s'allongent à mesure que j'approche du terme, la chaleur excessive que nous avons fatigue tout le monde ; on est brisé d'être assujetti aux exigences du traitement avec un tel temps ; mais le brisement du corps disparaît devant celui du cœur et on prend patience ; on fait son petit train à l'aide des deux pauvres machines brisées. Que faire quand c'est Dieu qui brise ?... Tout âme qui le connait sait qu'il ne brise que pour guérir, et elle adore ses desseins en souffrant !.....

« Votre lettre et votre belle pensée de velours le jour de ma fête sont venues m'apporter de nouvelles douceurs, douceurs exagérées par votre amour maternel ; tous vos vœux qui tendent à mon entier rétablissement me montrent clairement que vous me croyez beaucoup plus utile que je ne suis. Le bien que vous attendez de moi est tout relatif, il repose bien plus sur les personnes qui m'entourent que dans moi. Je suis un être assez insignifiant qui ne sait donner ce qu'il a reçu et se rendre utile que par la force et la vertu de ceux qui l'aiment et qui le supportent.

« Mais enfin, tout ce qui sort de votre cœur

m'est bon, que ce soit exagéré ou non, vous le tirez toujours de votre trésor !... Je désire vivement que Dieu vous exauce et fasse marcher notre pauvre S¹ Antoine ! ce mal est bien long, j'admire la patience et la soumission que Dieu lui accorde, etc.

« Votre fille toute vôtre.

« S¹ M.-Ephrem. »

Allevard, 14 juillet 1869.

« Ma bonne Mère chérie,

« Je ne sens que du plaisir quand je vous écris et jamais de fatigue ; ne vous tourmentez pas de la longueur de mes lettres. Cependant je me conforme aujourd'hui à votre attention si maternelle, je n'écrirai qu'une feuille puisque quatre billets sont insérés dans la même enveloppe, pour ne pas excéder le poids ordinaire. Désormais il pourra arriver également que j'é-

crive moins long, vu que la foule et la chaleur ne me permettant plus d'écrire dans les salles d'aspiration, j'ai alors moins de temps, mais néanmoins toujours assez pour vous tenir au courant de ce que je fais. J'ai reçu le billet fait à 5 heures du matin, il m'a paru meilleur que jamais, puisqu'il vous a imposé pour moi un sacrifice de plus, cependant n'y revenez plus une autre fois . . . . . . . . . . . . . . . .
. . . . . . . . . . . . . . . . . . . . . . .

Je continue d'aller bien ; je crois pouvoir vous dire que vous serez doublement heureuse de me voir en si bon état ; je suis très-disposée à faire même à Aix, les divers remèdes que Jules me prescrira : tout me sera facile en pensant à Allevard. Je serai sage, ma Mère, pour ne plus mériter l'exil. Dès aujourd'hui, je ne compte plus que neuf jours, parce que le jour du départ ne compte pas. »

Allevard, 17 juillet 1869.

« Ma bonne Mère,

« J'espère vous annoncer le jour de mon arrivée dans ma prochaine lettre. Je ne sais pas si c'est vous qui serez plus heureuse de le recevoir, ou si c'est moi qui serai plus heureuse de vous l'annoncer. Je ne mesure pas nos joies, je ne fais aucune différence, et des deux je n'en fais qu'une seule. Toujours est-il que ce sera bientôt. Je n'ai rien encore osé demander à Jules.

« Je suis charmée que vous n'ayez pas trop de choses pénibles et que votre santé se soutienne ; j'en bénis Dieu de tout mon cœur. Nous avons ici moins de chaleur : depuis deux jours on respire. Je continue mon traitement et j'en ressens les bons effets ; je constate avec bonheur un changement dans ma physionomie, et ce bonheur je le goûte en pensant à celui que vous aurez en me voyant. Je vous envoie un cantique, je l'ai fait sur un air que j'aime beaucoup ; il sera un souvenir de mon exil. Je désire qu'il vous plaise : c'est un entretien de Jésus avec l'âme.

« Je ne vous écris pas plus long, vous savez pourquoi, et cela vous suffit. Vous n'avez pas besoin de me dire que vous faites tout pour me remplacer auprès de S{.sup}t Antoine. Je sais, ma mère chérie, à quel cœur je l'ai confiée.

« Adieu, ma Mère, à bientôt, bientôt. »

On connaît maintenant toute la sensibilité d'âme, tous les sentiments affectueux qui remplissaient le cœur de celle qui fut toujours si réservée dans ses manières, si avare d'expressions tendres dans ses rapports constants avec ses amis ; nous savons si elle savait les aimer. Nous regrettons vivement que Mère S{.sup}t Antoine ait brûlé sa correspondance avec sa sœur ; elle l'a fait par l'ordre de cette dernière ; il nous est donc impossible d'en transcrire une seule lettre.

Il est question dans la dernière lettre ci-dessus, adressée à notre Mère, d'un cantique que Mère Marie-Ephrem avait fait. Je ne redirai pas ici ce que j'ai dit à ce sujet dans l'introduction ; nous savons comment le premier, intitulé : *A Lui mes roses*, fut composé. Ce qu'on ne sait point c'est ceci . après l'avoir fait, elle nous le lut en récréation sans nous dire de qui il était, nous cherchâmes, puis une de nous la nomma. « Hélas ! dit-elle, vous connaissez et mon désir et mon incapacité. » Puis elle dit ensuite : « C'est mon secret ; il vous fait du bien, cela me suffit ; si je trahissais l'auteur, il ne voudrait plus m'en fournir. » Notre Mère l'obligea à le nommer ; elle dit alors : « C'est mon ange gardien, mais il n'en fera plus puisque je l'ai trahi ; » mais elle en fit plusieurs encore. Dieu avait exaucé son vif désir : elle pouvait chanter Jésus au tabernacle, et donner ainsi un aliment de plus à son ardent amour pour l'Eucharistie.

## CHAPITRE XXIV.

Mère Marie-Ephrem tombe dangereusement malade ; son séjour à Menton.

« La vie est triste et amère, Dieu seul y met un peu de joie, » a dit le père Lacordaire. Oui, pauvre vie que la nôtre, en effet, si nous ne savons pas unir nos souffrances à celles de Jésus, et changer ainsi nos épines en fleurs. Depuis que la croix pesait plus lourdement à Mère Marie-Ephrem, à cause de l'aggravation de ses souffrance, plus souvent, dans ses méditations, elle suivait Jésus dans le rude sentier du Calvaire, et là, près de la douleur immense de l'Homme - Dieu, elle comprenait plus encore l'impuissance des créatures à guérir nos maux. Depuis son retour d'Allevard, en fin juillet, elle ressentait une continuelle fatigue. « C'est l'effet du traitement, disait-elle, il brise ainsi pendant quelque temps, puis ce brisement général se dissipe et le bien-être survient. » Hélas ! il n'en devait pas être ainsi !... Elle s'enrhuma, recommença à tousser et ne put, à l'époque de la grande retraite de septembre, voir aucune de ses filles. Ce fut pour elle une si grande privation, qu'à force d'instances auprès de notre Mère elle obtint quelques moments à leur consacrer, mais seulement vers la fin. Elle languit ainsi quelque temps encore, mais on la voyait dépérir chaque jour. Notre Mère la déchargea complètement de tout emploi. « Je vous rendrai vos Novices, lui dit-elle, quand vous serez mieux. » — « Oh ! mes pauvres enfants, vous me les rendrez, cet emploi me fait tant de bien!» Ce fut à cette époque qu'elle composa les quelques cantiques qu'elle nous a laissés. Mère St Antoine était mieux, elle pouvait marcher, mais sa faiblesse était extrême ; son état d'irritation l'empêchant de digérer tout aliment n'était point propre à lui donner des forces. la vue de sa sœur la peinait, elle comprenait son état et en souffrait étrangement. Pour Noël, Mère Marie-Ephrem n'était pas mieux, sa fatigue alla en augmentant pendant la première quinzaine de janvier 1870. Le 16, veille de la fête de S$^t$ Antoine, elle prit, le soir, une légère soupe et alla se coucher de meilleure heure ; depuis, le mal augmenta toujours, et nous ne la revîmes plus en communauté. Les médecins constatè- un mal devenu très-grave et ordonnèrent les plus grands soins ; ils lui furent prodigués avec le plus entier dévouement et la plus grande affection par notre Mère Générale, Mère S$^t$ Antoine, nos Mères Assistantes et toutes celles de nous qui avaient la consolation de pouvoir faire quelque chose pour elle ; toutes, nous eussions voulu la soigner, et, dès ce jour, des prières bien ardentes ne cessèrent de monter vers Dieu pour obtenir sa guérison. La tristesse était dans toutes les âmes, l'angoisse dans tous les cœurs. On ne parlait que de *ma Mère*. Bien vite, le matin, nous nous transmettions les nouvelles de la nuit ; quand un petit mieux s'était manifesté, oh ! alors avec quel bonheur n'échangions-nous pas et nos sourires et notre commune espérance.

Il nous était permis alors de lui dire un petit bonjour. Mère S¹ Antoine, toujours ingénieuse à nous faire plaisir, nous en facilitait l'occasion. Elle nous souriait avec affection, répondait à nos demandes, quelquefois aussi ses yeux se remplissaient de grosses larmes, et toute émue elle nous disait : « Ne vous étonnez pas, mes enfants, je pleure de reconnaissance, l'affection qu'on me témoigne est si grande, elle est si tendre et si vraie qu'elle me fait un bien infini ; on m'entoure de soins, on me comble de prévenances, d'attentions, et tout cela se fait avec une si franche tendresse que je suis à me demander souvent si, réellement pour moi, la maladie n'est pas plutôt une gâterie du bon Dieu qu'une épreuve, surtout quand je considère les pauvres qui gisant sur un lit de douleurs, non-seulement n'ont aucun des soulagements qu'on me prodigue, mais sont privés encore des marques d'une délicate affection !... Oh ! je sais ce que toutes, vous faites pour moi ; oui, mes enfants, je devine tous vos sacrifices et je connais tous vos sentiments affectueux et reconnaissants ; ils me sont bien doux, je ne vous en remercie pas, j'en suis heureuse, c'est ce que vous voulez.... » C'est ainsi que nous parlait ma Mère, c'est ainsi qu'elle se savait aimée et qu'elle nous témoignait sa satisfaction : faire plaisir, c'était sa consolation la plus douce. Mais ses souffrances ne diminuaient point ; elle en ressentait un pénible ennui. Tout le jour dans sa chambre, ne pouvant respirer à l'aise quand sa poitrine oppressée avait besoin d'air, elle n'avait point d'appétit et toussait continuellement. « Ma Mère est bien malade, disions-nous ; mon Dieu, gardez-nous ma Mère !.. » Et nos larmes coulaient plus amères et nous redoublions nos prières.

Pour la distraire un peu et améliorer son état, les médecins conseillèrent de la mener sous un climat plus doux dès qu'elle pourrait

supporter le voyage. Ce changement lui sourit.
« Oh! oui, dit-elle, je respirerai plus à l'aise à Nice ou à Menton, » et son départ fut décidé pour cette dernière petite ville où nos sœurs ont l'hospice, la salle d'asile, la classe communale et un pensionnat. Agréablement située au bas d'une colline, sur les bords de la mer, la maison pouvait offrir à notre chère malade un séjour commode, une vue délicieuse. Née sous un climat pur et doux, bercée dans son jeune âge par la brise de mer, Mère Marie - Ephrem venait la respirer de nouveau avec bonheur et contempler aussi le magnifique spectacle de cette même mer déroulant au loin, sous un large horizon bleu, sa vaste nappe d'eau aux superbes reflets d'argent et d'or. « Partons, disait-elle, nous serons alors de retour pour Pâques. » Et le départ fut fixé au 15 février. Notre Mère voulut l'accompagner, et Mère S<sup>t</sup> Antoine devait aller la rejoindre sous peu de jours. Ce départ nous fit mal, en lui cependant reposait notre plus chère espérance : la guérison d'une mère.

Le voyage fut long, mais moins fatigant qu'on craignait. « Oh! Dieu nous la guérira, nous disait Mère S$^t$ Antoine, prions, j'espère tout de sa bonté de père. » Elle partit aussi et se retrouva bientôt auprès de celle qu'elle soignait avec un filial dévouement. Nous reçûmes de bonnes nouvelles. La malade sortait tous les jours en voiture vers les 3 heures de l'après-midi ; l'air doux qu'elle respirait ainsi faisait du bien à sa pauvre poitrine. Elle avait auprès d'elle ce qu'elle aimait le plus ici-bas : sa sœur .et notre Mère, elle nous savait heureuses par l'espérance de sa guérison et paraissait moins ennuyée. « J'ai faim, » disait-elle ; en effet, elle mangeait avec appétit et son estomac n'était point fatigué ; elle travaillait aussi pour se distraire et aimait surtout à contempler le gracieux point de vue dont elle jouissait de sa terrasse. « Que le bon Dieu a donc fait de belles choses, disait-elle alors, qu'il est grand, libéral, magnifique dans ses œuvres ! » Elle avait parfois cependant de fort mauvais jours, mais elle ne se croyait pas malade comme elle l'était réellement. « Je n'ai rien dans les poumons, disait-elle, c'est la fatigue de la toux qui m'oppresse, mais je sens très-bien que mon état n'a rien de grave. » Et chaque jour elle se cramponnait ainsi par une espérance trompeuse à la vie qui lui échappait. Elle voulait travailler encore pour la Congrégation qui lui était si chère, voulait continuer d'être l'appui de celle qu'elle nommait sa plus chère enfant, et continuer ainsi son œuvre de filial dévouement auprès de notre Mère dont elle comprenait si fort la tendre affection. Elle disait souvent alors : « Oh ! non, je ne mourrai pas avant S$^t$ Antoine, le bon Dieu ne nous jouera pas ce tour, il m'accordera la triste consolation de lui fermer les yeux !.. » Pauvre Mère ! il n'en devait pas être ainsi !... Les médecins de Menton furent aussi consultés, mais ils ne donnèrent point d'espoir. « Ils me condamnent, dit-elle à notre Mère, ne les croyez point, ils ne connaissent pas mon tempérament, il n'est pas surprenant qu'ils se trompent. » La toux devint plus creuse, la fatigue qu'elle occasionnait plus accablante. Notre Mère dut la laisser quelques jours dans le courant de mars, pour venir à Aix où sa présence était indispensable ; ce fut là une peine pour toutes les deux, mais elle garda Mère S<sup>t</sup> Antoine. La Supérieure de la maison de Menton l'entourait de si délicates attentions qu'elle ne pouvait, disait-elle, éprouver pour elle trop de reconnaissance. Elle écrivait de temps à autre encore. Voici la lettre qu'elle écrivit à l'occasion de la fête de S. Joseph :

Menton, 16 mars 1869

« J'ignore si à Nazareth de Galilée on souhaitait la fête à S<sup>t</sup> Joseph ; mais je sais qu'à Nazareth de Menton on veut célébrer cette fête. Oui, c'est de bien loin, c'est de l'exil que je vous envoie mon bouquet, en sera-t-il pour cela moins frais à vos yeux ? Laissez-moi croire au contraire que les petites fleurs de mon cœur qui souffre vous seront plus agréables. Si la souffrance en altère les couleurs, ne puis-je pas espérer qu'elle donne à leur parfum quelque chose de plus doux et de plus fort que votre cœur ne laissera point échapper. Vous savez que je ne sais pas m'exprimer aussi bien que je sais sentir, je réclame donc en ce moment toute votre indulgence pour cette infirmité de ma nature et je vous prie de deviner tout ce que je voudrais vous dire; mon cœur est tout rempli pour vous d'affection filiale et de reconnaissance, chaque jour il demande au ciel de vous conserver non-seulement pour notre bonheur, mais aussi pour que nous ayons la joie de vous donner de temps en temps quelques consolations.

« Bien que l'absence de notre Mère se fasse bien sentir à nos cœurs, je suis heureuse de la joie que procure à Aix sa douce présence. Je crois que c'est ainsi que l'on aime : le cœur qui ne sait pas jouir du bonheur de ceux qu'il aime, en sacrifiant le sien propre, ne sait pas aimer véritablement. Samedi je serai donc plus que jamais au Noviciat et je m'associerai par le cœur à tout ce qu'on y fera. Je désire que cette journée soit heureuse, douce, gaie et sainte et que vous respiriez de temps en temps les parfums de mon petit bouquet, etc. »

A notre Mère qui devait retourner à Menton, elle écrivait à peu de temps d'intervalle les deux lettres suivantes :

« Ma bonne Mère,

« J'ai reçu ce matin la lettre de S$^r$ X... qui portait à son revers la seule chose qui me fut chère : *votre petit billet au crayon.* Je n'ai pas dit que vous m'avez écrit, j'ai gardé pour moi ce *doux secret,* j'ai seulement parlé de la lettre de S$^r$ X... Depuis lundi, comme les jours sont longs !... Dites-moi ou faites-moi dire bien exactement le jour et l'heure de votre arrivée. Vous pensez coucher à Nice, ne vaudrait-il pas mieux partir d'Aix à quatre heures du soir pour coucher à Marseille et être ici le lendemain à cinq heures du soir. J'espère que vous m'en parlerez dans votre prochaine lettre : celle de S<sup>r</sup> X... ne m'a pas dit grand'chose. Il n'y a rien de nouveau depuis votre départ, je suis toujours bien comme vous m'avez laissée, seulement j'ai grande envie que vous veniez et puis que nous partions toutes pour Aix. Partirez-vous d'Aix lundi ou mardi. Je ne vous dis rien sur ce point, je sais que vous viendrez le plus tôt possible.....

« Je pense faire la communion samedi. M. le Curé est venu me voir, il veut que le Révérend Père capucin me porte la sainte communion au lit et puis j'irai à la messe qui ne sera qu'à huit heures. Je lui ai dit que j'étais assez bien pour aller chercher moi-même Jésus ; mais il s'est mis, lui aussi, à me gâter comme tout le monde, il viendra demain tout exprès pour me confesser. Je vous dis cela pour vous faire plaisir et pour vous prouver que ce bon Curé a deviné votre intention, puisque vous vouliez me faire monter Jésus.

« Je suis soignée comme quand vous étiez ici. S$^t$ Antoine vous fait mille amitiés, elle a eu hier de fortes crampes d'estomac, aujourd'hui encore un peu, je pense que ce ne sera rien.

« Adieu, ma Mère chérie, je vous attends ! je vous attends ! *les heures sont longues !*... mais ne le dites pas, ni à Aix, ni ici ; c'est un secret entre *Jésus, vous et moi !*..... Bénissez votre enfant qui vous aime comme le bon Dieu sait !... Plus que quatre jours ! »

Le lendemain elle lui écrivait ces mots :

« Merci, ma bonne Mère, de m'avoir envoyé quelques lignes aujourd'hui ; j'en avais besoin, et j'en voudrais à chaque heure du jour. Je remercie S$^r$ X... de sa lettre et j'envie son bonheur d'être au Noviciat. Cependant je veux la volonté du bon Dieu !... Si vous me dites vrai, je suis heureuse que votre santé aille assez bien, que le bon Dieu daigne la rendre encore meilleure, je suis mieux, il me semble, que quand vous êtes partie ; je me sens plus vigoureuse, je tousse presque moins depuis hier ; ne soyez pas en peine à mon sujet sur ce point ; pour ce qui est de la privation de mon cœur, *chut!* ne disons rien, on ne peut pas s'aimer sans souffrir !... La famille chérie vous dit mille choses affectueuses. S¹ Antoine a souffert encore aujourd'hui ; j'espère que c'est fini pour cette fois. Adieu, ma mère, laissez-moi vous dire à bientôt... Combien je désire savoir le jour !... *Plus que trois jours !...* »

Notre Mère partit, et son arrivée à Menton fut une joie bien douce pour la pauvre malade qui, malgré tout son courage, toute son énergie, n'était pas mieux, tant s'en faut.

Avant de terminer ce chapitre, je veux encore y insérer une dernière lettre qu'elle écrivit peu de jours avant son départ de Menton :

« Je veux moi-même calmer vos craintes au sujet de votre dernière lettre. Je vois dans celle que notre Mère vient de recevoir combien votre sollicitude va loin pour moi. J'en suis touchée jusqu'au fond du cœur et je viens vous donner l'assurance que vous ne m'avez fait que du bien. Votre lettre empreinte de tristesse a été pour moi une preuve réelle de votre affection, et tout en m'affligeant avec vous, j'ai éprouvé un sentiment de joie bien intime, en constatant que vous me trouviez digne de recevoir un épanchement de votre cœur souffrant. Votre lettre a été plus que jamais à mon goût; car il est bien vrai qu'on ne peut dire ses douleurs qu'à ses amis. Vous avez raison, mon cœur est bien pour vous un cœur ami... un cœur fait plutôt pour partager la douleur que la joie. Quand ceux que j'aime sont heureux, leur bonheur est le mien, je suis paisible et calme ; mais s'ils souffrent, si l'épreuve les frappe, j'en suis profondément émue, tout mon être en est ébranlé, il semble que je ne vis plus que pour souffrir dans eux et pour demander à Dieu force et courage. Dans ceux que j'aime moins, la douleur me touche encore. Je découvre dans les épreuves quelque chose de si respectable, de si sacré, de si divin que je suis forcée d'en prendre ma part. Ne craignez donc jamais de me faire partager une peine qui vous atteindrait! Je serai toujours prête à en faire ma propre peine et à vous l'enlever si c'était possible. Ma grippe n'est plus rien, je me sens bien mieux. Vous verrez dans quelques jours, j'espère, combien mon état s'est amélioré. Je désire mon retour à Aix non-seulement pour moi, mais pour toutes les personnes qui s'imposent pour moi le sacrifice de la séparation.

« Je demande au bon Jésus le beau temps afin que lundi ou mardi au plus tard, j'aie la joie de revoir à Aix toutes les personnes qui me sont chères. J'en ai deux ici, mais j'en aime plus de deux de cette affection que je ne donne que rarement... Vous avez bien voulu en accepter votre part et je vous la conserve avec bonheur. Pensez donc avec quelle joie je vais vous revoir!... Le temps me paraîtra toujours trop long!... Notre Mère s'est remise un peu des fatigues de ses visites et de la frayeur que lui a donnée le docteur B.... à mon sujet, de sorte que sa santé est bonne.

« J'aime à vous dire que c'est la grippe qui a trompé ce bon docteur, il a cru que la fatigue accidentelle qu'elle m'a occasionnée était l'état ordinaire de ma poitrine. Je vous le répète, je me sens bien mieux et avec les soins que je reçois et que Dieu bénit, je serai de nouveau capable de travailler encore.

« Recevez, je vous prie, toute la tendresse de mes sentiments. »

On voit par ces dernières lignes combien peu Mère Marie-Ephrem croyait à une maladie grave... Hélas, ce n'était pas le docteur qui se trompait, il n'avait dit que trop vrai! Elle revint à Aix dans le courant d'avril; nous la revîmes avec une douloureuse joie... Pauvre Mère! comme elle était changée!...

## CHAPITRE XXV.

Derniers mois de maladie de Mère Marie - Ephrem. — Sa mort.

C'est peu de jours après le retour de Menton que commencent pour Mère Marie-Ephrem ces longs mois de souffrance et de lente agonie, dont elle a ressenti jusqu'à sa mort la cruelle angoisse !... Elle nous revit toutes avec bonheur, mais les unes après les autres, pour ne pas éprouver tout d'un coup une trop forte émotion. Elle nous remercia de nos lettres, de nos prières, de notre affection. « Je suis un peu mieux, mes enfants, nous dit-elle, et malgré ce que peut croire le docteur de Menton, je guérirai, j'en ai l'espérance. » On eût dit que ses souffrances ravivaient en quelque sorte l'espoir de cette vie qui lui échappait chaque jour, et elle prenait avec une docilité d'enfant tous les remèdes qu'on lui prescrivait. « Oh ! je serai raisonnable maintenant, disait-elle, je me laisserai soigner, je sais trop ce qu'il en coûte d'être malade. « En effet, elle acceptait avec une affectueuse reconnaissance tous les soins qui lui étaient donnés. Mère S$^t$ Antoine ne la quittait pas ; son mal à elle n'était plus rien, tout son désir était de guérir sa sœur. Notre mère aussi la quittait peu. Tout ce qu'elle prévoyait être agréable à la malade, elle le faifait prendre aussitôt pour lui en ménager doucement la surprise. « Faites tout pour nous la guérir, disait-elle à Mère S$^t$ Antoine, ne craignez rien, prenez tout ce qui vous semblera lui faire du bien. » Puis elle nous disait : « Priez, mes enfants, afin que le bon Dieu nous la conserve et qu'elle guérisse. Oh ! si vous saviez toute l'amertume de ma peine : elle était tout pour moi, et ma fille et ma mère, et je ne pourrai rien pour elle auprès du bon Dieu ! Oh ! il aura pitié de nous !.. » Quand, dans la journée, elle voyait une de nous devant le Saint-

Sacrement, vite elle venait nous dire : « Priez pour ma mère. » Puis elle détournait la tête pour nous cacher ses larmes. Il nous serait impossible de dire la peine poignante qui la brisait. Mère S$^t$ Antoine montrait une force d'âme étonnante, toujours elle donnait à la pauvre malade l'espoir d'une guérison à laquelle elle ne croyait plus, et quand souriante, alors Mère Marie-Ephrem rêvait d'un avenir qui lui permettrait de se rendre encore utile, ses larmes, refoulées précipitamment, retombaient sur son cœur déchiré. Alors elle s'absentait quelques minutes, pleurait seule un moment, puis elle revenait le sourire sur les lèvres, attribuant à une douleur de tête le gonflement de ses paupières. Ainsi trompée, Mère Marie-Ephrem ne se croyait pas plus mal. Du reste, son moral avait besoin d'être soutenu ; son énergie avait fait place à une grande sensibilité. On la surprenait quelquefois pleurant ; cet affaiblissement formait un contraste si frappant avec la force morale qu'elle avait toujours montrée, qu'il nous était doublement cruel.

Mais Dieu, dans son amour infini, voulut épurer sa belle âme par des peines autrement poignantes que celles qui affligeaient son corps. L'épreuve, elle l'avait toujours intérieurement ressentie pendant sa vie. Ainsi, quand elle était bien avec le bon Dieu, soit dans ses oraisons, soit dans ses communions, qu'elle goûtait toute la douceur de l'inénarrable tendresse de Jésus, elle était sûre d'en souffrir étrangement après. « Jésus m'a gâtée, aujourd'hui, disait-elle alors à notre Mère, gare, je vais le payer. » En effet, la journée ne se passait point sans qu'elle eût à supporter quelque peine, à faire quelque sacrifice. Cette épreuve fut d'abord un vif désir de sa guérison qui la faisait se cramponner à la vie alors qu'elle lui échappait. Quand la journée avait été accablante, qu'elle n'avait pas discontinué de tousser, que sa pauvre poitrine, déchirée et en feu, l'empêchait de respirer, elle regardait alors Mère S$^t$ Antoine, ou les religieuses qui se trouvaient là. « Croyez-vous que je guérisse, » leur disait-elle, et un reflet de joie illuminait sa pâle figure quand on lui en donnait l'espérance. Oh ! non, elle ne voulait pas mourir, pauvre mère ! Elle espérait travailler encore et s'occuper de ses enfants ! Elle respirait un peu l'air sur la terrasse où l'on avait fait, avec des vases, un petit parterre émaillé de gracieuses petites fleurs aux plus délicates nuances ; mais quand elle avait fait un ou deux tours elle rentrait épuisée de fatigue et ennuyée de son état de souffrance. On pensa que la campagne pourrait lui offrir quelques salutaires distractions ; on lui proposa donc d'aller trois fois par semaine y passer une journée, ce qu'elle accepta avec plaisir. La voiture ne la fatigua nullement, le déplacement sembla lui faire du bien, elle mangea avec moins de répugnance, et trouva meilleurs les aliments qu'on lui préparait avec tant de soins ; moins préoccupée de son mal, elle paraissait aussi moins triste, mais la fatigue revint et l'obligea à cesser toute promenade, rien ne pouvait plus la distraire ; on la voyait toujours pensive ou les yeux remplis de larmes.

Jamais elle ne parlait de la mort, et s'il lui arrivait d'en dire quelques mots, c'était pour sonder la pensée de ceux qui l'entouraient. Elle avait peur du bon Dieu, le jugement l'effrayait, elle souffrait d'une façon étrange ! Oui, Dieu voulait que sa belle âme fût entièrement purifiée par la plus cruelle des épreuves; et le calice de la plus amère souffrance, elle devait, comme son Sauveur, le boire jusqu'à la lie. Elle qui avait une si tendre dévotion à Jésus - Hostie, ne pouvait plus se décider à faire la sainte Communion ; c'était une peine extrême, tant elle s'en trouvait indigne. Elle, si bonne religieuse, si fervente, et qui, dans sa maladie, a toujours demandé ses plus petites permissions, elle croyait donner cependant le mauvais exemple. « Je n'édifie pas, disait-elle quelquefois, je suis si peu gracieuse, si morose !... » Pauvre mère ! dans son excessive humilité, elle attribuait à ce qu'elle appelait l'humeur chagrine de son caractère, ce qui n'était que la conséquence naturelle de son mal. « Oh ! je ne sais pas souffrir ! » disait-elle encore, et quand on voulait l'assurer du contraire, elle répondait en souriant : « Oh ! je sais fort bien qu'à vos yeux je n'ai jamais un tort ; mes filles ont toutes un épais bandeau qui les empêche de voir mes travers et tout ce qu'il y a en moi de défectueux ; aussi, quand je mourrai, me croyant une sainte, elles me laisseront souffrir longtemps au purgatoire. » Cette peine elle l'a manifestée plusieurs fois. « Aimer le bon Dieu, souffrir tout pour Lui, oh ! tout cela est beau, sublime à dire, ajoutait-elle, mais que la pratique en est difficile ! » « Priez bien pour moi, dit-elle un jour à une de ses filles professes, afin que Dieu me guérisse ; faites-le comme il faut et vous serez exaucée ! La prière, mon enfant, oh ! la bonne chose ! comme nous devons nous appliquer à la bien faire. » Et, à ce sujet, elle lui rappela cette pensée du P. Faber, qu'elle avait écrite, et qui l'avait impressionnée : « *Il y a bien des choses qu'il est difficile d'envisager de sang froid à la mort, mais il en est peu qui le soient davantage que la négligence dans la prière.* » Puis elle garda un long silence, sourit un peu, et se remit à son ouvrage.

Elle allait encore, dans le courant de la journée, faire un peu de méditation à la chapelle. « Oh! je vous en prie, disait-elle, laissez-moi là seule devant mon Jésus, j'en ai besoin! » et ne se retirait que lorsque de violents accès de toux l'obligeait à aller prendre quelque chose. Quand elle y restait peu, elle s'en allait en disant: « Vous voyez ce que me fait Jésus aujourd'hui, il ne veut pas que je reste plus longtemps en sa présence! » Elle n'eut bientôt plus d'appétit et la fièvre ne la quittait point; son ennui était tel qu'elle ne voulait voir que les personnes qui l'entouraient ordinairement.

Quand, le soir, assise devant la porte du cabinet de notre Mère, elle voyait les professes et les Novices se promener sur la terrasse, lui sourire, lui dire en passant un petit bonjour, elle le leur rendait gracieusement; mais le plus souvent elle détournait la tête et pleurait.

« Leur vue me fait mal, disait-elle, oh! bien mal! Mes pauvres enfants! je ne puis rien leur dire et Dieu sait si c'est pour moi un sacrifice! » Elle obéissait avec la docilité de l'enfant à tout ce qu'on exigeait d'elle et s'y prêtait avec une bonne grâce qui ne laissait point deviner la souffrance. Mais ses terreurs sur la mort et sur le jugement étaient les mêmes. Son confesseur l'encourageait, l'exhortait à la confiance ; un moment après son départ, elle retombait dans ses craintes et ses appréhensions. Notre Mère aurait voulu l'avertir, la préparer à faire le sacrifice de sa vie ; mais elle se sentait peu de force pour cette pénible mission. Etant seule un jour avec elle, elle lui dit : « Ecoutez, ma fille, vous rappelez-vous nos accords au sujet de celle de nous deux qui mourrait la première? Nous nous étions promis de nous avertir! n'est-ce pas, c'est bien cela? Je ne dis pas que vous alliez mourir, mais enfin si c'était moi qui, dans les desseins de Dieu, dusse faire cet acte de charité envers vous, ne serait-ce pas manquer à

notre mutuelle promesse que d'hésiter à remplir ce que j'appellerais alors un devoir? »
Mère Marie-Ephrem la regarde aussitôt et lui répond : « Si vous ne me le disiez pas, croyez-vous que cela nuisît au bien de mon âme? — Non, lui répond notre Mère. — Eh bien ! dit-elle aussitôt, ne le faites pas. » Elle pensait cependant depuis plusieurs jours qu'elle mourrait ; mais toujours délicate, elle voulait que tous ceux qu'elle aimait le plus en doutassent. « Pauvre S$^t$ Antoine ! disait-elle encore, il me faudra la quitter !... elle s'illusionne, elle me croit mieux, ô mon Dieu quel sera son chagrin ! » Puis elle ajoutait : « Je suis bien mal, oui, assez mal pour mourir. » Et quand on ne démentait point ses paroles, elle paraissait accablée, puis l'instant d'après on la voyait encore sourire à la vie. « Que pense-t-on de moi dans la maison, disait-elle à la sœur infirmière? que je guérirai, n'est-ce pas? Oh ! dites-le moi, vous ; répétez-moi que je guérirai ! » Ce désir de la vie, cette crainte excessive de la mort, du

jugement, cette peur de Jésus, c'était, nous l'avons dit, le dernier cachet que Dieu mettait ici-bas à sa perfection, épreuve qui devait la faire passer, presque entièrement purifiée, de la terre au ciel.

L'irritation gagna la gorge : elle souffrit doublement. On lui appliqua deux cautères dont elle accepta de grand cœur la souffrance espérant sa guérison. Ils lui procurèrent d'abord quelque soulagement, puis ils séchèrent et notre pauvre malade alla plus mal ; ses jambes un peu enflées ne lui permettaient de marcher que très-difficilement.

Le 15 août, jour de la fête de l'Assomption, nous fîmes la procession dans la campagne, les professes à tour de rôle portaient la S$^{te}$ Vierge. Arrivées sur la terrasse, nous défilâmes devant la porte du cabinet où Mère Marie-Ephrem était à genoux, les mains jointes, le regard voilé de larmes elle suivait, à travers le feuillage, la blanche et gracieuse statue de Marie; ses lèvres murmuraient avec piété et amour l'*Ora pro no-*

*bis*. Mais quand la Vierge fut là ; qu'on s'arrêta un moment devant elle, elle se lève, jette un cri et saisissant vivement un côté du brancard, elle s'écrie : « Laissez-moi ; moi aussi je veux porter ma Mère ! » Elle fait quelques pas, puis elle tombe épuisée dans les bras de celles qui l'entourent. « O ma Mère ! » dit-elle encore. Elle aimait tant Marie !... Peu de temps après, n'ayant plus du tout la force de marcher, on fut obligé de la descendre dans un fauteuil et de la remonter le soir. Toujours elle avait une bonne et douce parole pour les sœurs qui lui rendaient ce service. « Merci, mes enfants, leur disait-elle chaque fois, Jésus paiera tout cela dans son paradis. » On la descendit un jour par le petit escalier, la porte de la chapelle se trouvait ouverte : Oh ! laissez-moi là, s'écria-t-elle, oui là, j'ai besoin de rester là, un moment devant mon Jésus ! » Et son regard demeura longtemps fixé sur le tabernacle, et sa figure pâle et souffrante réflétait une joie toute céleste ; quand on l'emporta, de grosses larmes tremblaient sous ses paupières. Que venait-il de se passer dans son âme, Dieu seul le sut ; mais sa figure dès lors conserva une expression gracieuse et douce qu'elle eut jusque dans ses derniers moments. Quelquefois, essayant de la distraire un peu, on lui racontait quelques traits de la vie de S<sup>t</sup> François d'Assise qu'elle aimait beaucoup : elle s'arrêtait aux plus petites minuties et admirait surtout la simplicité charmante de ce grand saint : « Voilà comment étaient les saints, disait-elle, ô simplicité que tu es belle et grande devant Dieu. » Quand une de ses filles allait la veiller, elle lui disait : « Je suis peu aimable, mon enfant, mais il est convenu que vous aurez la charité de ne prendre là aucun sujet de mauvaise édification. » Elle disait cela alors qu'elle donnait l'exemple de la plus héroïque patience.

Elle prenait avec grande répugnance tout espèce d'aliment, de boisson, tisane, etc.; mais elle le manifestait le moins possible. Une nuit elle saisit avec empressement la tasse contenant le peu de crême qu'elle s'efforçait de prendre ; puis avec cette simplicité et ce laisser-aller toujours gracieux qu'elle avait avec ses enfants : « Si vous saviez, ma fille, ce qu'il m'en coûte de prendre cela, mais Jésus n'a pas refusé le fiel. » Et comme après elle se trouvait fatiguée, la religieuse se hâta de lui présenter deux grains de raisin pour ôter le goût de ce qu'elle venait de prendre ; « Non, dit-elle, Jésus n'a rien pris après le fiel ; » et comme la religieuse paraissait peinée de son refus : « Vous le voulez, lui dit-elle, moi aussi, mon enfant, donnez. » Et ne trouvant pas de suite sa serviette pour rejeter la peau des deux grains qu'elle venait de sucer, la jeune professe lui tend sa main afin qu'elle l'y dépose, ce qu'elle fit tout simplement en ajoutant avec un doux sourire : « Si quelqu'un nous voyait, on ne s'y méprendrait point, on dirait bien : voilà la mère et la fille ! » Malgré son extrême faiblesse, elle ne pouvait rester couchée tant elle souffrait dans cette position, ses jambes s'étaient enflées beaucoup, il fallait les envelopper de flanelle. « Ma mère est plus mal, disions-nous ; » en effet, le terme tant redouté approchait. Sa physionomie avait complétement changé ; ses yeux n'avaient plus la même expression, elle était par moment comme surexcitée, c'était le dernier éclair de la vie se montrant en elle, c'était cette flamme plus vive que jette le flambeau avant de s'éteindre. Depuis deux mois elle ne mangeait que de très-petits morceaux que Mère S$^t$ Antoine lui coupait elle-même. « Qui ferait cela si ce n'était toi, » lui disait-elle ; puis un jour elle ajouta : « Mourir pour aller au ciel, ce serait bien beau ! mais te laisser !... Oh ! je ne puis encore en supporter la pensée..... »

Le lundi 26 septembre, veille de sa mort, elle souffrait beaucoup. « Priez pour moi, disait-elle aux religieuses qui entraient dans la chambre, allez vite à la chapelle et priez afin que le bon Dieu me donne la force d'aller jusqu'au bout. » Elle redoublait d'affection pour chacune et devenait plus tendre. Son estomac ne digérait plus depuis la veille ; depuis la nuit du dimanche, elle était restée sur son fauteuil sans pouvoir se coucher. Le mardi 27, Mère St Antoine entra dans sa chambre à six heures du matin ; la prenant pour une autre, elle lui dit : « Je suis bien, vous pouvez aller à vos affaires, et, cet après-midi, après avoir dormi, je serai guérie... Oh ! c'est toi, » dit-elle, reconnaissant sa sœur, et elle lui sourit avec une reconnaissante tendresse. Elle ajouta encore : « Il faut aller à la messe ; aujourd'hui, il y aura la procession, je serai assez forte pour la suivre toute seule, moi, mais on sera obligé de soutenir St Antoine ; » puis elle s'écria : « Oh ! voici, voici l'Agneau, il passe, je le vois, à notre tour maintenant, » et elle s'affaissa. A 7 heures, elle était comme surexcitée, elle voulut prendre du café et se faire panser, assurant qu'elle était bien. Notre Mère vint, elle lui dit : « Je me confesserai cet après-midi quand j'aurai dormi. » Notre Mère alors sortit pour aller prévenir le confesseur qui était arrivé. S'adressant alors à Mère S¹ Antoine : « J'ai sommeil, fais-moi un peu dormir sur ta main comme hier ; » elle eut là son premier évanouissement. Mère S¹ Antoine sonna tout effrayée, notre Mère entra avec le prêtre. Mère Marie-Ephrem avait déjà ouvert les yeux ; apercevant le Père, elle voulut se confesser, reçut l'absolution, les mains jointes, les yeux levés vers le ciel, elle ressemblait à une sainte. Vers midi, toutes nos Mères étaient dans la chambre auprès d'elle ; on s'aperçut que ses jambes devenaient glacées ainsi que ses mains que l'on tâchait de réchauffer. Les symptômes de la mort l'entouraient sans qu'elle en fût effrayée. Elle avait épuisé le calice des souffrances, l'épreuve allait finir ; la mort devait être pour elle sans horreur ; Dieu la lui envoya douce et calme comme un sommeil bienfaisant.

Elle n'y voyait presque plus et n'entendait que confusément ; les tintements de l'*Angelus* l'effrayèrent un moment ; quand elle sut ce que c'était : « C'est bien , » dit - elle, puis elle ajouta: « J'ai sommeil, je vais dormir » et s'appuyant sur Mère S¹ Antoine, sourit une dernière fois en jetant un regard sur toutes celles qui l'entouraient, soupira doucement comme quelqu'un qui s'endort, puis sa tête posa plus lourdement sur le bras qui la soutenait, et s'affaissa complètement... Mère S¹ Antoine regarde effrayée, jette un cri et tombant à genoux : « Notre Mère ! nous ne l'avons plus ! » dit-elle. Mère Marie-Ephrem venait d'expirer !... Les sanglots retentissent de tous côtés ; les professes accourent, les novices aussi, les pleurs redoublent. On n'entend que ces mots : Ma mère ! ma mère ! mon Dieu ! nous n'avons plus ma mère !... Et le corps sans vie de cette mère tant aimée, entouré de ses enfants, est couvert de nos baisers et arrosé de nos larmes... Elle semblait nous voir encore ; la noble majesté de la mort empreinte sur sa pâle figure n'avait point enlevé un doux sourire resté sur ses lèvres déjà froides ; nous la contemplions le cœur brisé. On avait emmené notre Mère ;

Mère St Antoine était restée. « Pleurons ensemble, nous dit-elle, oh! oui, pleurons, nos larmes sont justes, nous sommes ses enfants ! »

Quelques heures après, revêtue de l'habit religieux, la tête couverte du grand voile, le front orné d'une couronne de roses blanches, le crucifix placé sur son cœur, tenant dans ses mains jointes l'acte de ses vœux, Mère Marie-Ephrem reposait sur un lit entourée de guirlandes et de fleurs. Nous ne la quittâmes plus : les unes priaient à genoux, les autres l'embrassaient, d'autres plaçaient leur crucifix à côté du sien, d'autres encore entouraient ses mains de leurs chapelets ou se penchaient à son oreille comme pour lui parler encore ! « Elle ne nous abandonnera point, elle priera pour nous, » entendait-on au milieu des sanglots et des larmes. Notre Mère était en proie à la plus vive douleur; nous l'embrassâmes toutes. « Oh ! mes pauvres enfants ! » nous dit-elle, et ses larmes achevèrent seules sa pensée. Que de fois elle nous avait dit en parlant de ma Mère :

« Elle me remplacera ; en elle reposent mes plus chères espérances et celles de la Congrégation entière. » Les nouvelles élections du 3 septembre l'avaient pour la troisième fois nommée Supérieure Générale. Sans la maladie de Mère Marie-Ephrem elle n'eût point accepté et eût fait en sorte de lui réunir tous les suffrages; elle eût été si heureuse de voir sa chère fille à la tête de sa chère société. Non-seulement son rêve le plus cher ne s'était pas réalisé, mais se trouvant de nouveau chargée de la croix, elle venait de perdre son plus doux appui ici-bas ! Ses larmes étaient justes. Pauvre Mère !.. notre douleur l'était aussi !.. Perdre sa mère !. Oh ! nous savons tout ce qu'il y a là de douleur !..

Le lendemain 28 septembre, la petite chapelle du Noviciat était toute tendue de noir ; sur un modeste catafalque élevé au milieu était la caisse où reposait Mère Marie-Ephrem. Une messe fut chantée, toutes nous fîmes la communion et pendant toute la journée nos larmes coulèrent auprès de ce cercueil renfermant tout ce que notre cœur avait de plus cher ici-bas dans notre famille religieuse ; toutes s'empressaient de faire toucher à la défunte différents petits objets pour les conserver comme de douces et saintes reliques. Mère St Antoine n'avait pas quitté les restes chéris qui allaient nous être bientôt enlevés; à quatre heures, on l'appela un instant ; c'est alors qu'eut lieu l'enterrement... Au cimetière, les sanglots éclataient plus forts et toutes nous nous jetâmes sur son cercueil pour l'embrasser encore !...... Et le bruit de la terre retombant sur elle, brisa plus douloureusement encore nos cœurs déchirés.

Le lendemain, nous ressentîmes un vide plus affreux ; notre douleur avait quelque chose de plus triste, de plus navrant, de plus cruel.

Maintenant encore tout nous parle d'elle. Sa pensée, son souvenir, ses exemples resteront à jamais dans nos cœurs.....

Quand on visite le vaste enclos du Noviciat, on suit naturellement les quelques allées qui aboutissent à la terrasse : une conduit à la Salette ; une autre, celle des pins, au bosquet ; une autre encore, bordée de roses, à la grande croix qui la domine. Mais si, passant devant cette dernière, on laisse à droite d'abord la nouvelle Chapelle, puis la bâtisse du Pensionnat et la gracieuse tonnelle de la Maison de Retraite, et qu'on suive le chemin des cannes, ainsi nommé des roseaux qui le bordent d'un côté, avec le ruisseau qui les arrose, de l'autre s'étend, à droite d'abord, un jardin potager, puis un pré fleuri de mille petites gracieuses fleurs. On trouvera, presque au bout de ce chemin, sur la gauche, un pont jeté sur le ruisseau, et, devant nous, se dressera un portail en fer. Si nous montons les trois marches de pierre sur lesquelles il est posé, nous entrerons dans le champ du repos, au milieu duquel se croisent quatre chemins bordés de buis. A gauche de la grande croix qui nous fait face, en entrant, se dresse une tombe sur le marbre de laquelle est gravé le nom de celle qu'il recouvre. Plus bas on lit ces mots, que S. Jérôme écrivit sur une des épitaphes qu'il fit pour Paula, la noble et sainte Romaine :

« Si le martyre du sang a sa couronne de roses,
Celui du cœur a sa couronne de lis. »

C'est là que repose *Ma Mère*, celle dont j'ai si imparfaitement retracé les vertus et la vie toute pieuse et sainte !.. Ma Mère ! dont la pensée sera toujours pour nous, ses filles, un regret, il est vrai, mais une consolation, un encouragement, une espérance !....

# CANTIQUES

## COMPOSÉS PAR MÈRE MARIE-EPHREM.

### A LUI MES ROSES.

**1.**

Dis-moi quand te verrai-je, ô doux Roi de mon âme,
Quand sur ton cœur divin pourrai-je me poser ;
Mon cœur, las de l'exil, sans cesse te réclame,
Et soupire à chaque heure après ton saint baiser.
   Mon Dieu, brise ma chaîne,
   Je veux aller à toi,
   Mets un terme à ma peine,
   Au ciel, appelle-moi !

   O mon Dieu ! je te prie,
   Exauce mon désir :
   Que je passe ma vie
   A t'aimer, te bénir !

## 2.

Je le sens ici - bas, rien ne peut satisfaire
Mon immense désir de bonheur et d'amour !
Mon cœur est étranger, il passe sur la terre,
Il doit porter le poids et la chaleur du jour.
   J'accepte les épines,
   La longueur du chemin,
   Sous tes touches divines
   La douleur m'est un gain.

## 3.

De toi, toujours, mon Dieu, je sais être comprise,
Mes secrets sont pour toi mes parfums les plus doux !
Mon ami bien-aimé, tu veux que je te dise
Mes peines, mes douleurs ; ton cœur en est jaloux.
   A toi, mon Dieu, mes roses,
   Les roses de mon cœur,
   Elles ne sont écloses
   Que pour toi, mon Sauveur !

## 4.

Depuis l'heure bénie où tu m'as fait connaître
Tes charmes, tes attraits, ton cœur jaloux du mien,
Ton regard m'a blessée, ô mon aimable Maître,
Et mon cœur ne veut plus d'autre amour que le tien.

Assure ta conquête,
Cache-moi dans ton cœur,
Et que de ma défaite
Je chante le bonheur !

### 5.

Souvent d'un sombre ennui mon âme est désolée,
Tout me devient amer, tout se change en douleur ;
Mon ciel n'a plus d'azur, et sa voûte étoilée
Soudain à mes regards dérobe sa splendeur !
    Mon Dieu, l'orage gronde !
    Il gronde avec fureur,
    Dans cette nuit profonde
    Garde-moi sur ton cœur !

### 6.

Oui, tu l'as dit, Seigneur : « Celui qui veut me suivre,
« Doit renoncer à tout pour embrasser la Croix !
« Mourir à chaque instant pour apprendre à bien vivre.
» Et disciple soumis, n'obéir qu'à ma voix. »
    Sous la Croix je m'incline,
    Je l'accepte, Seigneur !
    Ta volonté divine
    Fait toujours mon bonheur !

Aix. 1869.

## VISITE A JÉSUS.

#### L'AME.

Du tabernacle, ta voix tendre
    Vient jusqu'à moi !
Oh ! je voudrais toujours l'entendre,
    Mon divin Roi !
Que ne puis-je passer ma vie
    A ton autel,
Pour y rêver à la patrie,
    A mon beau ciel !

Divin captif, Jésus-Hostie,
    Reçois mon cœur !
Il est à toi, c'est pour la vie,
    Mon doux Sauveur !
Le nœud trois fois saint qui nous lie
    Fait mon bonheur !

#### JÉSUS.

Viens à moi dans ta peine extrême,
    Viens sur mon cœur,
Ecoute ces doux mots : Je t'aime,
    Avec bonheur

Pour toi je suis au tabernacle
  La nuit, le jour ;
J'ai fait le plus touchant miracle
  Pour ton amour !

JÉSUS.

Je suis resté sur cette terre
  Pour devenir
Ton époux, ton ami, ton frère,
  Pour te guérir !
Quand ton cœur, brisé de souffrance,
  Verse des pleurs.
Je ranime ton espérance
  Dans ses langueurs !

L'AME.

Dans le lointain, d'un sombre orage
  J'entends la voix.
De ton amour est-il un gage ?
  Est-ce une croix ?
Si c'est ton cœur qui l'a choisie
  De tous les temps,
Elle est l'objet de mon envie,
  Oui, je l'attends !

JÉSUS.

Prends cette croix avec courage,
  Avec amour ;

Sous mon œil franchis ce passage,
   Il n'a qu'un jour !
Enfant chéri, pendant l'épreuve,
   Va, ne crains rien,
De mes douleurs, si je t'abreuve,
   C'est pour ton bien !

### L'AME.

Qu'il est doux de pleurer dans l'ombre
   A tes genoux :
Quand de la nuit, le voile sombre
   S'étend sur nous ;
Ton cœur partage mes alarmes,
   Il me sourit ;
Ta douce main sèche mes larmes
   Et me guérit !

### L'AME.

Je ne veux plus, en cette vie,
   Que te bénir,
Sainte et divine Eucharistie !
   C'est mon désir !
Ici - bas, t'adorer sans cesse,
   Te posséder
Au ciel, dans la plus pure ivresse,
   Toujours t'aimer !

Allevard, juillet 1869.

## AU REVOIR MA MÈRE ?

Monte au ciel, ma Mère chérie,
Emporte mon cœur avec toi,
Et dans la sainte patrie,
Garde une place pour moi !
Ah ! je voudrais te suivre au séjour de la gloire !
Mais il me faut encor souffrir ;
Avant de chanter la victoire,
Je dois pousser plus d'un soupir !..


J'entends les saintes harmonies
Ebranler la voûte des cieux,
Et des anges, les voies bénies
Forment des concerts gracieux
Inclinez - vous sous le sceptre de votre Reine,
Séraphins tout brûlants d'amour,
Il nous faut une Souveraine
Pour orner la céleste cour !


Au revoir, ma Mère si bonne,
Tu me laisses dans ces bas lieux ;

Mais au moins, du haut de ton trône,
Sur moi daigne jeter les yeux.
Pauvre exilée ! il me faut rester où l'on pleure ;
Loin du ciel, je ne fais que gémir !
O ma Mère, devance l'heure
Où près de toi j'irai jouir.


Je me confie à ta tendresse,
Quand paraîtra mon dernier jour ;
Quand la mort, avec sa tristesse,
Viendra me saisir sans retour.
Comprends alors ce que mon cœur voudra te dire
Marque-moi du sceau des élus.
O ma Mère, fais que j'expire
Sur ton cœur en aimant Jésus.

## LE BERCEAU DE MA MÈRE.

Ange du paradis, sur ta lyre fidèle,
Chante, chante l'Eve nouvelle
Qui sort des mains de l'Eternel ;
Entoure son berceau d'amoureuses louanges,
Proclame Marie, en ses langes,
Reine du séjour immortel !

Chantons Marie à sa naissance,
Elle nous porte l'espérance,
Douce aurore d'un jour plus beau !
La terre frémit d'allégresse,
Et dans l'élan de son ivresse
Elle redit un chant nouveau !

La terre a suspendu son long cri de détresse ;
Marie, il n'est plus de tristesse,
Devant ton berceau gracieux.
L'homme salue en toi cette tige bénie
Qui vient donner le fruit de vie
Et nous ouvrir le port des cieux !

Marie immaculée ! oui, la grâce t'inonde,
Tu viens apporter en ce monde
La paix, la joie et le bonheur.
Le souffle de Satan n'a pas souillé ton âme,
Il n'atteint point sa pure flamme,
Jamais il n'infecta ton cœur !


Plus blanche que le lis, colombe pure et belle,
Tu viens abriter sous ton aîle
L'homme coupable et malheureux.
Dans ton sein virginal est un trésor immense
Qui vient racheter son offense
Et de nouveau le rendre heureux.

Aix, 1869.

## AVE MARIS STELLA.

Etoile de la mer, ô puissante Marie,
Nous saluons en toi la Mère de Jésus.
Tu fus Vierge toujours, rien ne souilla ta vie,
Porte du ciel, Reine des élus

L'ange te salua toute pleine de grâce,
Obtiens-nous de ton Fils le bonheur éternel,
Sois ma mère, ô Marie ! enseigne-moi la trace
De la vertu qui mène au ciel.

Oh ! viens briser mes fers, Reine douce et clémente,
De l'aveugle égaré sois le phare brillant ;
Eloigne de son cœur l'orage et la tourmente,
Dans les combats, rends-le vaillant ;

Montre-nous tous les jours ta tendresse de Mère,
Offre à ton Fils Jésus nos soupirs et nos vœux,
De tes enfants chéris, écoute la prière,
Ils ont vers toi levé les yeux.

Ton cœur est un trésor plein de miséricorde !
De nos péchés nombreux obtiens-nous le pardon,
Fais que, dans sa bonté, le Seigneur nous accorde
D'un cœur pur le précieux don.

Que ton œil maternel veille sur nous sans cesse ;
Ecarte les dangers qui menacent nos jours ;
Nous voulons avec toi, dans l'éternelle ivresse,
Aimer Jésus, toujours, toujours !

Aix, 1869.

## A MON BON ANGE.

Dis-moi, mon bon ange,
Sais-tu mon bonheur ?
Il est sans mélange
Il remplit mon cœur.
Ici, sur la terre,
Jésus m'a laissé
Son trésor : sa mère,
Suis-je délaissé ?

Tu n'as point de peine
Dans ton beau séjour ;
Tu chantes ta Reine
La nuit et le jour.
Sur ta douce lyre
Aux joyeux accords,
Tu peux lui redire
Tes plus vifs transports !

A moi, dans ce monde,
Où je suis encor
Qnand l'orage gronde,
Qu'il gronde bien fort,

Il me faut ma Mère
Pour le conjurer,
Pour me dire : espère
Et me rassurer.

Je veux, mon bon ange,
Pour être avec toi
Secouer la fange
Qui s'attache à moi.
Ah ! demande grâce
Pour moi, je t'en prie,
Garde, au ciel, ma place
Auprès de Marie !

Obtiens que mon âme
Devienne ta sœur,
Qu'une pure flamme
Brûle dans mon cœur,
Et qu'au ciel, sans peine
J'aime tous les jours,
Dans ma Souveraine,
Ma mère toujours.

Aix, 1869.

## NOEL.

Minuit, minuit, c'est l'heure sainte
Où le Sauveur est né pour nous.
Minuit, minuit, dans cette enceinte,
Adorons notre Roi si doux !


Jésus, enfant divin, dans cette pauvre crèche,
Tu me parais plus beau que sur un trône d'or !
Tes membres délicats sont sur la paille fraîche,
Pauvreté de Jésus, sois mon bien, mon trésor !


Laisse-moi recueillir tes précieuses larmes ;
Elles coulent pour moi dans ce triste séjour,
Donne-les à mon cœur pour calmer ses alarmes,
Pour guérir ses douleurs, épurer son amour !


Que ton regard est doux ! il me dit ta tendresse,
Ton sourire divin m'enflamme et me ravit,
Quand je vois l'Eternel revêtu de faiblesse.
J'adore, je me tais, tout mon être frémit !

Un silence éloquent clot tes lèvres divines ;
Mais ton cœur en secret me dit : Viens, viens à moi,
Je veux te soulager, arracher les épines
Qui bordent le chemin où je marche avec toi.


Que ton amour est fort, mon adorable Maître !
De sa puissante loi tu subis la rigueur.
Souffrant et délaissé, pour nous il t'a fait naître !
Admirable leçon ! souffrir, c'est le bonheur !


Je viens, ô mon Jesus ! ici t'offrir ma vie
Devant tes pieds sacrés je dépose mon cœur,
Rends-le doux, chaste et pur, et que ta main bénie
Seule, de son amour, puisse cueillir la fleur !


    Noël, Noël, touchant mystère !
    Un Dieu pour nous brûlant d'amour
    Descend du ciel et sur la terre,
    Nous l'adorons, enfant d'un jour.

Aix, 1869.

# J'ATTENDS JÉSUS.

Seigneur, dès l'aurore,
Mon cœur qui t'adore
Attend ton retour ;
Dans la sainte Hostie
Donne-moi la vie,
Donne-moi l'amour

Mon cœur te réclame,
Mets délicieux,
Céleste dictame,
Jésus, roi des cieux !
Tu fais jouir l'ange
Sous ton œil divin ;
Mais l'homme te mange,
Tu deviens son pain.

Quelle part m'est faite ?
O mon divin Roi !
Tout se change en fête
Quand tu viens à moi !
De ma jouissance,
Ange pur et doux,
De ma joie immense,
N'es-tu point jaloux ?

Au banquet céleste
Je suis ranimé,
Que m'est tout le reste,
J'ai mon bien-aimé !
Quand son cœur repose
Dans mon cœur mortel,
Voudrais-je autre chose !
Je tiens tout le ciel !

Oh ! je veux entendre
Mon Dieu, tes secrets,
Ta parole tendre,
Si pleine d'attraits !
Ton divin langage
Me fait tant de bien !
Qu'il gronde l'orage,
Je ne crains plus rien !

Si, de ma faiblesse,
Dieu n'est pas surpris,
Moi, de sa tendresse,
Je suis tout épris.
Sur son cœur de père
Qu'il fait bon toujours,
Je veux sur la terre
Y couler mes jours.

Aix, 1869.

## RESTE AVEC MOI.

Divin Jésus, oh! je t'en prie,
    Reste avec moi.
Dans ton cœur je puise la vie,
    Je meurs sans toi.

O mon Dieu, je sens ta présence,
    Je crois en toi,
Par un prodige de clémence
    Tu viens à moi.
Je t'adore, mon divin Maître,
    Avec amour,
Je te consacre tout mon être
    Saus nul retour.

Pardon, Seigneur, je fus coupable
    De tous les temps
Devant toi, Sauveur adorable!
    Je me repens.
Dans ton sang lave ma souillure,
    Doux Rédempteur,
Comme tes anges, rends-moi pure
    Au fond du cœur!

Je suis éprise de tes charmes,
  Roi de mon cœur!
A tes pieds je jette les armes,
  Puissant vainqueur !
Garde, garde, monde éphémère,
  Garde ton miel ;
Je ne veux rien de cette terre,
  Je veux le ciel !


Tu me témoignes ta tendresse
  A chaque instant,
Comme une mère qui caresse
  Son jeune enfant,
En toi je mets mon espérance,
  Divin époux.
Donne à ma tendre confiance
  Ton ciel si doux !


J'ai le bonheur de ne dépendre
  Rien que de toi.
Depuis le jour où ton cœur tendre
  Reçut ma foi,
Je dis à la nuit, à l'aurore
  Mon doux serment.
Je veux le répéter encore
  En expirant.

Novembre 1869.

## GETHSEMANI.

Où vas-tu seul, ô bel ange, à cette heure?
Vas-tu remplir un message du ciel,
Vas-tu pleurer avec celui qui pleure
Et sur ses maux verser le plus doux miel!
Pourquoi ton front ceint de fleurs immortelles
Est-il voilé de tristesse et de deuil,
Pourquoi fuis-tu des régions éternelles
   L'aimable seuil?


Ne vois-tu pas dans mes mains un calice,
Des clous mortels, une lance, une croix,
C'est l'appareil de l'infâme supplice
Que doit subir Jésus le Roi des Rois!
Je porte encore sa couronne d'épines,
Des liens affreux, une éponge et du fiel.
En faut-il plus pour qu'enfin tu devines
   Le prix du ciel?

Ah ! je comprends, je tremble, je soupire,
Tous mes péchés me jettent dans l'effroi.
Pour moi mon Dieu souffre un cruel martyre,
Mon pauvre cœur pourrait-il rester froid ?
Retourne aux cieux, bel ange, c'est ta place,
Avec Jésus c'est moi qui dois souffrir,
Jamais, jamais tu n'as perdu la grâce,
        Tu peux jouir ?


Je vais sans bruit écouter sa prière ;
O ciel ! que vois-je ! il lutte avec la mort !
Ce noir calice !... « O mon père, ô mon père,
Qu'il passe au loin !... » Mais l'amour est plus fort,
Il se ranime, il marche au sacrifice.
O père saint ! j'accomplirai tes vœux,
J'épuiserai tout le fiel du calice,
        Oui, je le veux.


A tes côtés je reste, mon bon Maître !
Pour me blanchir dans les flots de ton sang.
Tu vas mourir pour me faire renaître
Et pour payer ma dette au Tout-Puissant,
Ami divin, sur ton cœur je me penche,
Je veux sentir qu'il palpite pour moi ;
J'ai soif d'amour ; ma soif, nul ne l'étanche
        Si ce n'est toi.

Mon choix est fait, je te suis au Calvaire,
J'y porterai mes croix de chaque jour,
Je veux ma part des douleurs de la terre,
Car la douleur est l'aimant de l'amour.
Ce mont sacré me redira sans cesse
Qu'en expirant tu prononças mon nom
Pour me donner un gage de tendresse
    Et de pardon !

Aix, 1870.

# TABLE DES MATIÈRES.

PAGES.

LETTRE à la Très-Révérende Mère St Eusèbe ..... 1
INTRODUCTION............................ 3
CHAPITRE Ier. — Naissance de Lise Laure. — Ses premières années.. .................... 11
CHAPITRE II. — Elise à l'Externat. — Sa première Communion .... ..................... 21
CHAPITRE III. — Elise quitte la maison paternelle. — Sa vie de pensionnaire............. 38
CHAPITRE IV. — Dernières années d'Elise au pensionnat des Ursulines d'Aix. — Son départ pour Hyères. ...................... 51
CHAPITRE V. — Retour d'Elise à la maison paternelle. — Son intimité avec son frère Adolphe. 64
CHAPITRE VI. — Tendre piété d'Elise pour la Ste Vierge. — Maladie et mort de Mme Laure.. 78
CHAPITRE VII. — Amour d'Elise pour les enfants pauvres. Mariage d'Adolphe. Maladie de Céleste. 90
CHAPITRE VIII. — Rapports d'Elise avec Mère St Gabriel ................................ 101
CHAPITRE IX. — Entrée d'Elise à l'Hôpital d'Hyères. Sa vie de Postulante................. 110
CHAPITRE X. — Prise d'habit d'Elise. Son départ pour Aix........................... 122
CHAPITRE XI. — Sœur Marie Ephrem au Noviciat. 130
CHAPITRE XII. — Conduite édifiante de Sr Marie Ephrem pendant son Noviciat.. .......... 140
CHAPITRE XIII. — Départ de Sr Marie-Ephrem pour Marseille. — Son retour au Noviciat. — Sa profession................... .. 151

|  | PAGES. |
|---|---|
| CHAPITRE XIV. — Sr Marie-Ephrem placée à l'asile des Aliénés d'Aix | 163 |
| CHAPITRE XV. — Sr Marie-Ephrem nommée Supérieure des Religieuses de l'Asile des Aliénés | 176 |
| CHAPITRE XVI. — Mère Marie-Ephrem Assistante. | 189 |
| CHAPITRE XVII. — Mère Marie-Ephrem remplit à la fois les deux charges importantes d'Assistante et de maîtresse des Novices | 203 |
| CHAPITRE XVIII. — Comment Mère Marie-Ephrem dirigeait ses Novices. | 219 |
| CHAPITRE XIX, — Mère Marie-Ephrem réélue Assistante. — Maladie de notre Mère Générale | 237 |
| CHAPITRE XX. — Comment Mère Marie-Ephrem s'occupait de ses Novices placées dans les Maisons | 253 |
| CHAPITRE XXI. — La santé de Mère Marie-Ephrem commence à s'altérer. | 274 |
| CHAPITRE XXII.—Etat de souffrance de Mère Marie-Ephrem ; son départ pour Allevard | 290 |
| CHAPITRE XXIII.—Maladie de Mère St Antoine; second voyage de M. Marie-Ephrem à Allevard | 308 |
| CHAPITRE XXIV.—Mère Marie-Ephrem tombe dangereusement malade ; son séjour à Menton | 326 |
| CHAPITRE XXV. — Derniers mois de maladie de Mère Marie-Ephrem. Sa mort | 343 |
| CANTIQUES | 367 |

Fin de la Table

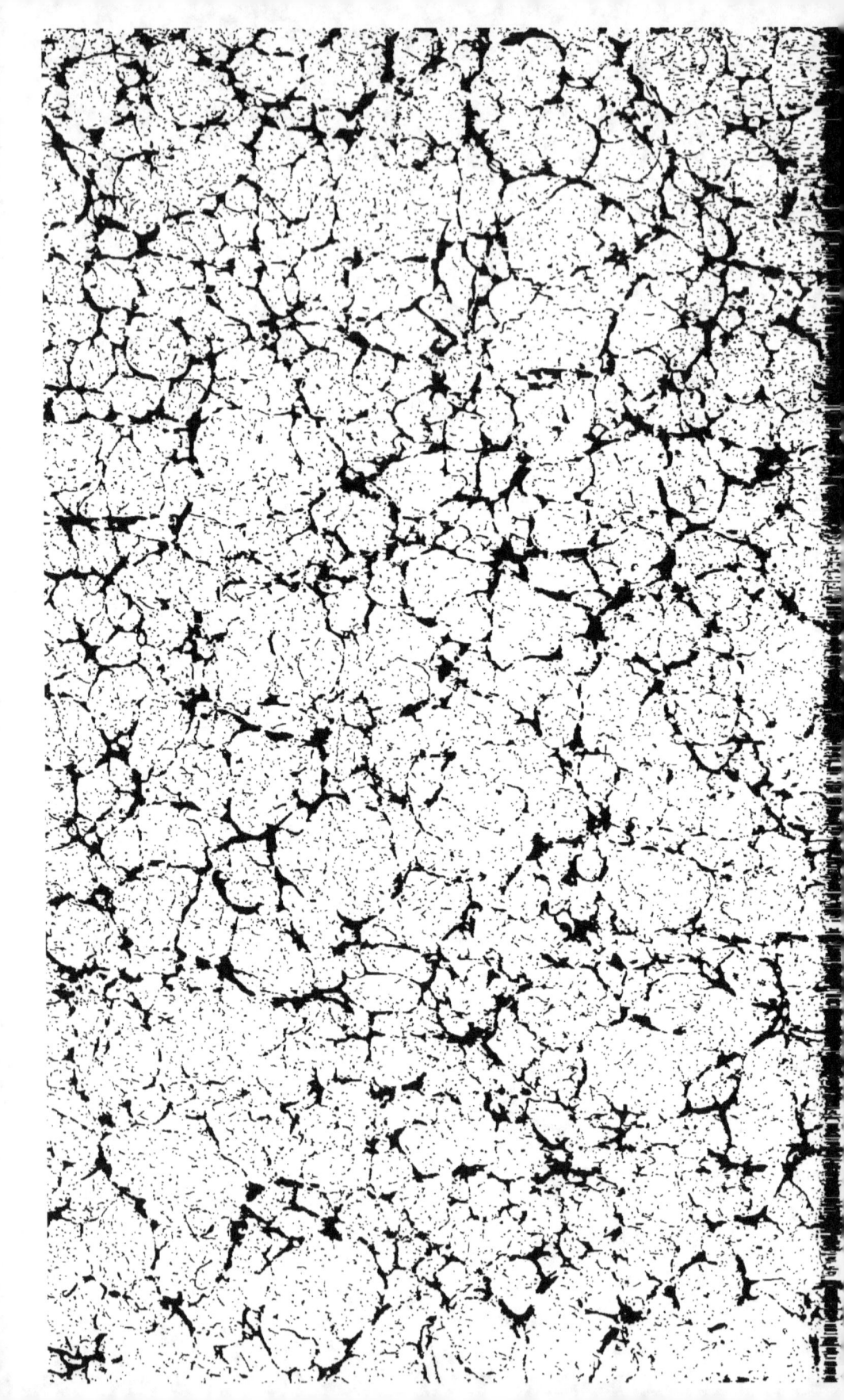

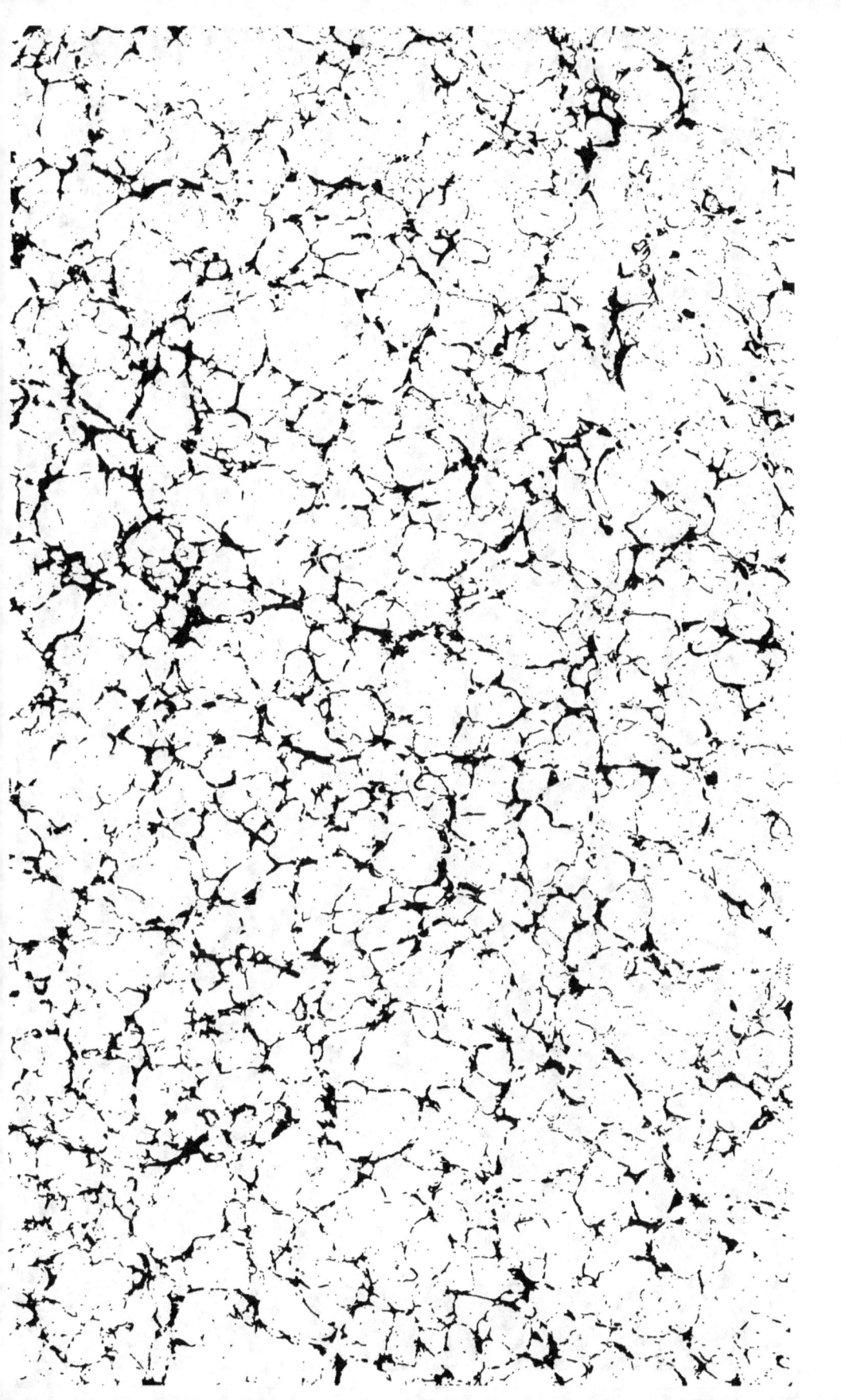

www.ingramcontent.com/pod-product-compliance
Lightning Source LLC
Chambersburg PA
CBHW071858230426
43671CB00010B/1393